구독
경제
101

구독경제 101

스노우볼랩스 지음

구독모델을 활용하는 39가지 방법

스노우볼랩스

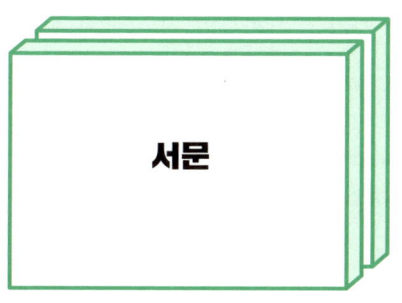

서문

내 것과 네 것, 그리고 우리의 것.

소유는 인류를 정의한다. 더 많은 걸 가지려는 욕망은 우리를 끊임없이 노력하게 했다. 소유는 본능이다. 많이 소유할수록 생존 가능성은 커진다. 소유는 즐거움이다. 더 좋은 옷, 좋은 차, 좋은 집을 가졌을 때의 기쁨은 크다.

소유는 경제의 핵심이다. 소유 또는 소유권의 이전 과정이 곧 경제활동이다. 도매업자는 농부가 넘긴 쌀을 소비자에게 판다. 건설회사는 토지 소유권을 획득한 후 아파트를 분양해 자금을 마련한다. 그리고 다 지어진 아파트의 소유권은 분양받은 사람에게 넘어간다.

몇 년 전, 공유경제라는 키워드가 전 세계를 휩쓸었다. 혜성같이 등장한 우버(Uber)와 위워크(WeWork), 에어비앤비(airbnb)는 공유경제의 아이콘이 되었다. 이들은 차량과 사무공간, 거주공간이라는 굵직한 사업 아이템을 기반으로 크게 성공했다.

그리고 구독경제가 등장했다. 공유경제가 비싼 제품을 나눠 쓰면서 발생하는 이익에 기반을 둔다면, 구독경제는 필요한 만큼 쓰는 효율성에 근거를 뒀다. 쪼개기 쉬운 게 무엇일까? 디지털 자산이다. 서비스형 소프트웨어(SaaS)와 디지털 콘텐츠 제공자가 구독경제의 선봉에 선 것은 우연이 아니다. 이 기업들은 구독자에게 "사용한 만큼만 낸다"라는 당연한 경제 원칙을 제안했다. 구독자는 기꺼이 받아들였다.

구독경제는 소유경제와 공유경제를 대체할까? 절대 그렇지 않다. 소유와 공유 그리고 구독 모델은 각기 장단점이 있다. 소유는 언제나 경제의 중심축을 맡을 것이다. 가장 단순한 형태의 자산 활용 방식으로, 소유자는 배타적 권리를 보유한 채 자산의 효율을 극대화한다. 공유 방식은 높은 가격의 자산을 합리적인 가격으로 사용할 수 있는 통로를 마련해 준다. 구독 방식은 자산 이용의 진입장벽을 낮춘다.

기업은 이 세 방식을 유기적으로 결합했다. 기업은 직접 소유한 자산을 공유하거나 개인이 소유한 자산을 다른 사람과 공유할 수 있도록 플랫폼을 구축했다. 최근엔 소유와 구독을 결합한 모델도 등장했다. 소비자는 다양한 모델 중 자신의 성향과 맞는 제품, 서비스를 선택하기만 하면 된다.

　이 과정에서 기업과 우리의 현금흐름은 변화하고 있다. 우리는 공유와 구독에 점점 더 많은 돈을 쓰고 있다. 그에 따라 기업의 매출 구조도 변했다. 구글과 아마존, 애플은 점점 구독 매출 비중을 높이고 있다. 구독 모델을 사업 기반으로 삼은 스타트업은 빠르게 성장하고 있다. 이들은 과거와는 다른 현금흐름을 창출하면서 새로운 시대를 이끌고 있다.

　구독경제는 현재진행형이다. 수많은 기업이 구독경제를 공부하고 있다. 많은 기업과 사람이 구독 상품과 서비스를 이용하고 있다. 이미 충분한 사례가 나왔다. 이 책은 우리의 삶이 어떻게 변하고 있고, 우리가 어떤 기회를 마주하고 있는지 이야기한다. 이를 통해 기업과 고객, 구독자를 이해하고자 한다. 구독경제의 세계를 함께 살펴보자.

서문 5

1장 구독경제 시대

01	오래된 비즈니스, 구독	15
02	Software Is Eating the World	21
03	구독이 기본이 된 SaaS	26
04	글로벌 기업과 구독경제	32
05	한 번에 몰아본다	41
06	또 오세요	46
07	구독경제라는 단어를 처음 쓴 사람	52
08	'일대다'에서 '일대일'로	57
09	반복적 수익의 힘	63
10	구독경제에 국경은 없다	69
11	구독을 관리하다	74
12	구독에 투자하다	80
13	한국 대표선수 입장	86

2장　리필 구독

Intro	고객이 부족함을 느끼지 않도록	93
CASE 01	와이즐리 비싼 면도기는 가라	96
CASE 02	달러셰이브클럽 질레트를 놀라게 하다	105
CASE 03	필리 나에게 꼭 맞는 영양제	110
CASE 04	해피문데이 매달 찾아오는 그날	116
CASE 05	톤28 피부도 자연도 소중하다	121
CASE 06	펑션오브뷰티 맞춤형 샴푸를 만들다	127
CASE 07	클릭앤그로우 채소 구독 서비스	131

3장　큐레이션 구독

Intro	과잉의 시대에 발휘되는 전문가의 힘	139
CASE 01	꾸까 꽃과 일상을 함께 하세요	142
CASE 02	오픈갤러리 예술은 멀지 않은 곳에	146
CASE 03	월간가슴 내 몸에 가장 편하게	150
CASE 04	월간과자 안 먹어본 과자가 없도록	153
CASE 05	그린릴리 제철 과일을 가장 맛있게	159
CASE 06	반려동물 맛과 건강과 재미, 모두 챙기다	163
CASE 07	스티치픽스 옷을 가장 편하게 사는 방법	168

| CASE 08 | 주류 나에게 꼭 맞는 술을 찾다 | 172 |
| CASE 09 | 육아 맞춤형 육아 도우미 | 177 |

4장 서비스 구독

Intro	반복되는 일에서 떠나고 싶은 마음	185
CASE 01	런드리고 아직도 직접 세탁하세요?	188
CASE 02	노블메이드 세균 걱정 없는 고급 타월	192
CASE 03	키드픽 옷 고르기 갈등, 인제 그만	197
CASE 04	서프에어 왜 공항에 두 시간 전에 가야 하지?	201
CASE 05	레저 미 당신만의 여행 가이드	207
CASE 06	원메디컬 미국 의료의 페인 포인트를 짚다	211
CASE 07	수퍼 집수리에 신경 꺼라	216

5장 콘텐츠 구독

Intro	콘텐츠의 화려한 부활	223
CASE 01	넷플릭스 케이블 업계를 무너뜨리다	225
CASE 02	이모티콘 플러스 마구마구 날리자	230
CASE 03	퍼블리 일하는 사람들의 콘텐츠	235
CASE 04	뉴욕타임스 디지털 뉴스 구독을 이끌다	240

CASE 05	뉴스레터 편지 왔어요	243
CASE 06	미스터리 박스 살인사건을 해결하라	248
CASE 07	아마존 오더블 귀로 읽는 책	252
CASE 08	마스터 클래스 세계 최고의 선생님	257

6장 IoT 구독, 하드웨어와 소프트웨어의 연결

Intro	판매와 구독을 엮다	263
CASE 01	허스크바나 전기톱도 구독한다?	266
CASE 02	펜더 초보자가 마니아가 될 수 있도록	270
CASE 03	펠로톤 집에서도 강사와 운동한다	274
CASE 04	텔라닥 의료 서비스도 구독한다	279
CASE 05	룸 폰 부스를 빌려 쓴다	284
CASE 06	테슬라 전 세계를 구독으로 묶는다	287
CASE 07	고프로 구독으로 위기 돌파	292
CASE 08	현대셀렉션 자동차 왕국의 도전	296

1장
구독경제 시대

우리가 바로 이 시대의 유행이기에
우리 자신으로부터 탈피할 수 없다.

_ 커트 코베인

01
오래된 비즈니스, 구독

우유와 신문

어린 시절, 집마다 우유 주머니가 현관, 대문에 매달려있는 풍경을 심심치 않게 볼 수 있었다. 아침이면 배달부가 동네를 돌며 우유를 배달했다. 우유뿐이랴, 신문을 안 보는 집도 드물었다. 대부분 하나 이상의 신문을 구독했다. 조선일보를 보느냐 한겨레를 보느냐로 이야기를 나눈 기억도 있다. 균형 잡힌 시각을 위해 양쪽 다 본다는 사람도 있었다.

수많은 아이템 중 왜 우유와 신문이었을까? 둘의 공통점은 무엇일까?

가장 먼저 떠오르는 것은 '유통기한'이다. 우유는 쉽게 상한다. 신문에 담긴 정보의 가치는 빠르게 떨어진다. 그러므로 한 번에 많이 쟁여놓을 수 없다. 집에 쌓인 신문은 폐품이다.

또 다른 공통점은 일상에 필요한 제품이라는 것이다. 특히 우유는 한때 완전식품으로 잘못 알려지면서 아이가 꼭 먹어야 한다고 생각했다. 학교에서도 매일 우유를 나눠줬다. 신문은 정보를 습득할 수 있는 절대적인 통로였다. 인터넷, 스마트폰, 케이블TV도 없을 당시 신문은 공공재나 다름없었다. 신문을 다 본 사람이 다른 사람 보라고 지하철 선반에 올려놓던 정경이 아직도 생생하다. 신문은 흔했고, 당연히 있어야 할 것이었다.

우유와 신문은 구독 비즈니스 모델을 적용할 수 있는 조건을 갖추고 있었다. ① 보관의 한계 ② 광범위한 시장이다. 어차피 매일 소비해야 한다면 편하게 마시고 보길 원할 것이다. 한 아파트에 우유를 배달받고 신문을 구독하는 가구가 많았으므로 서비스 제공자도 낮은 가격에 서비스를 제공할 수 있었다.

기술의 발전이 가져온 변화

오래된 구독 모델이 왜 지금 재주목받을까? 이를 이해하려면 먼저 우유와 신문이 왜 구독 비즈니스 산업에서 퇴출당했는지 살펴봐야 한다.

우유 배달이 사라지고 있는 현상은 보관 기술의 발달 때문에 가속화됐다. 대용량 냉장고가 기본적인 가전제품으로 자리 잡았다. 각 가정은 예전보다 훨씬 뛰어난 냉장보관능력을 갖추게 됐다. 더불어 대형마트 위주의 소비 패턴이 안착했다. 우유를 한 번에 많이 사서 냉장고에 넣어두었다. 이 방식은 매일 우유를 배달받는 것보다 편하고 저렴하다.

우유 배달이 완전히 사라진 것은 아니다. 환경이 바뀌면 비즈니스 형태는 그것에 맞게 진화한다. 사단법인 '어르신의안부를묻는우유배달'은 고독사 예방을 위해 홀몸노인에게 우유를 배달한다. 옛 우유 배달의 추억과 사회문제가 연결되면서 우유 안부 캠페인은 많은 기업의 관심을 끌었다. 글로벌 투자은행인 골드만삭스와 배달의민족을 운영하는 우아한형제들은 이 사단법인을 후원하고 있다.

신문은 우유와는 다른 길을 걸었다. 여전히 많이들 집에서 신문을 받아보지만, 그 수는 늘지 않고 있다. 오랜 시간 신문을 보는 습관이 든 사람은 꾸준히 구독하는 경향이 있으나 젊은 세대는 신문에 돈을 쓰지 않는다. 디지털 콘텐츠가 일반화되면서 공짜로 뉴스를 볼 수 있었고, 기업광고에 의존하던 언론사들은 독자적인 디지털 콘텐츠를 일반 소비자에게 유료로 제공하는 구조를 구축하지 못했다.

수많은 인터넷 미디어가 탄생하면서 전반적인 뉴스의 질은 떨어졌다. 양질의 콘텐츠를 제공해 독보적인 위치를 차지하는 미디어는 나타나지 않았다. 스마트폰이 보급되면서 종이신문을 구독해야 할 이유는 사라졌다. 시간과 장소에 구애받지 않고 최신뉴스를 전하는 매체는 더 이상 종이신문이 아니었다.

    종이신문 시대는 저물어가고 있다. 우리나라만 그런 것은 아니다. 전 세계의 전통 미디어가 사라지고 있다. 특히 로컬 기반의 종이신문은 토대를 완전히 상실했다. 그런데도 위기 속에서 성장하는 기업은 있기 마련이다. 바로 뉴욕타임스다. 뉴욕타임스의 유료 디지털 구독자는 860만 명(2022년 3분기 기준)이다. 총 구독자는 930만 명인데, 대부분 디지털로 콘텐츠를 소비하는 셈이다. 뉴욕타임스는 종이신문의 몰락에 대비해 IT 인력을 충원해 상당한 권한을 부여했다. 독자를 분석해 가장 좋아하는 콘텐츠가 무엇인지 파악했다. 분석 자료를 일선의 기자들에게 제공했다. 독자가 관심을 보이는 콘텐츠의 질을 높여 기꺼이 돈을 낼 만한 디지털 구독 비즈니스 모델을 구축했다.

오프라인으로 번진 구독 모델

구독경제는 이제 갈래를 뻗어나가기 시작했다. 특히 디지털 자산이 아닌 실물 자산에 기반을 둔 구독 비즈니스 모델은 스타트업뿐만 아니라 대기업도 주시하고 있다. 책, 면도기, 화장품, 술, 수건, 보석, 자동차, 집 등 구독 아이템은 종류와 규모를 특정 지을 수 없을 정도로 많다.

왜 지금인가? 오래된 비즈니스 모델인 구독은 왜 다시금 새로운 트렌드로 떠오르는 것일까?

- IT 기술의 발전
- 배송 시스템의 고도화
- 결제의 진화
- 서비스에 대한 애착
- 라이프 스타일의 근본적인 변화

사회는 전례 없는 속도로 변하고 있다. 더 쉽게 서비스를 받을 수 있도록, 더 빠르게 제품을 사용할 수 있도록, 그래서 고객이 더 만족할 수 있도록 제품과 서비스는 끊임없이 진화했다. 기술 발전과 동시에 사람들의 인식도 유연해졌다. 관성적인 소비의 힘은 약해지고 새로운 경험에 대한 호기심은 더 강화됐다. 오래된 것은 힘을 잃고 새로운 것은 언제나 주목받는 세상이 됐다.

앞으로 10년간, 구독경제는 경제와 사업 영역에서 중요한 키워드가 될 것이다. 수없이 많은 스타트업이 새로운 시도를 감행할 것이다. 대기업은 자기 자산을 최대한 활용하고 낮은 이익률을 높이기 위해 구독경제를 공부할 것이다. 막대한 자본과 경험의 힘으로 구독 비즈니스 모델을 반영한 신사업을 추진할 것이다.

02
Software Is Eating the World

예견된 변화

2011년 8월 20일, 'Why Software Is Eating The World'라는 제목의 칼럼이 월스트리트저널에 실렸다.

저자는 마크 앤드리슨(Marc Andreessen). 미국에서 가장 유명한 벤처 캐피털 앤드리슨 호로위츠(Andreessen Horowitz)의 설립자 겸 대표다. 그의 칼럼 내용을 요약하면 다음과 같다.

- 인터넷 회사의 가치에는 거품이 끼지 않았다.
- 이들은 빠르게 성장하는 동시에 진입장벽도 공고히 쌓고 있다.
- 영화, 농업, 국방 등 소프트웨어로 운영되는 분야는 더 늘고 있다.
- 인터넷 기술 기반 스타트업이 기존 산업을 뒤집어 놓을 것이다.
- 창업비용 절감과 온라인 서비스 시장 확대로 세계 경제는 디지털로 완전히 연결될 것이다.

10여 년이 지난 지금 그의 예측은 적중했다. 메타, 알파벳, 애플, 아마존의 주가는 2011년과는 비교가 되지 않을 정도로 상승했다. 이들 기업은 기술력으로 무장한 매우 높은 이익률의 비즈니스를 영위하고 있다. 페이스북의 매력적인 네트워크, 구글의 압도적인 데이터, 애플의 독보적인 감각, 아마존의 벗어날 수 없는 생태계는 신규 진입자의 의지를 꺾었다. 이제는 모든 분야가 소프트웨어를 사용한다. 소프트웨어가 필요 없는 산업은 없다고 봐도 무방하다. 온라인 세계의 누구나 쓸 수 있는 신선한 도구라는 것이 창업자의 도전정신을 자극했고, 전 세계에서 동시다발적으로 유니콘을 꿈꾸는 스타트업이 세워지고 있다.

구독 모델의 중심에는 소프트웨어가 있다. 앞으로 소프트웨어는 구독 모델을 계속 진화시킬 것이다.

구독 모델의 진화

구독 모델이 어떻게 진화하게 될지 상상해보자.

1단계: 정기결제 + 정기배송

정해진 기간마다 특정 제품이나 서비스를 제공하는 것은 구독 비즈니스 모델의 기본 형태다. 매달 똑같은 면도날을 배송하는 서비스가 이에 해당한다. 한 달이라는 주기는 꽤 오랫동안 유지될 것으로 전망된다. 우리는 신문, 전기료, 교육비 등을 내면서 월 단위 비용에 이미 익숙하다. 급여도 매달 받지 않는가!

2단계: 정기결제 + 정기배송 + 개인화

정기적으로 제품과 서비스를 제공하는 방식에 개인의 개성과 변화를 반영한다. 고객 반응을 취합해 만족도를 높일 수 있는 서비스가 구축된다. 의류 5벌을 정기배송한 후 마음에 드는 2벌만 구매하고 나머지는 반납하는 비즈니스 모델이 이에 해당한다. 선택된 의류 정보를 바탕으로 고객이 선호할만한 의류를 재구성한다. 개인화는 대형 이커머스 플랫폼 대신 구독 모델 플랫폼을 이용해야 할 이유가 되기도 한다.

3단계: 비정기결제 + 비정기배송 + 개인화

고객의 소비 패턴까지 반영한 구독 비즈니스 모델이다. 현재의 구독 비즈니스 모델에선 고객의 재고까지 파악하고 대응하지는 않고 있다. 하지만 머지않은 미래에 다양한 장치를 통해 고객의 요구를 실시간으로 파악하고 제품과 서비스를 적시에 제공하는 모델이 등장할 것이다. 채소를 구독했다고 하면, 냉장고 한쪽에 자리 잡은 채소 바구니는 안에 담긴 여러 채소를 인지하고 어느 정도 소비되면 자동으로 채소를 배송해준다. 결제도 자동으로 이루어진다.

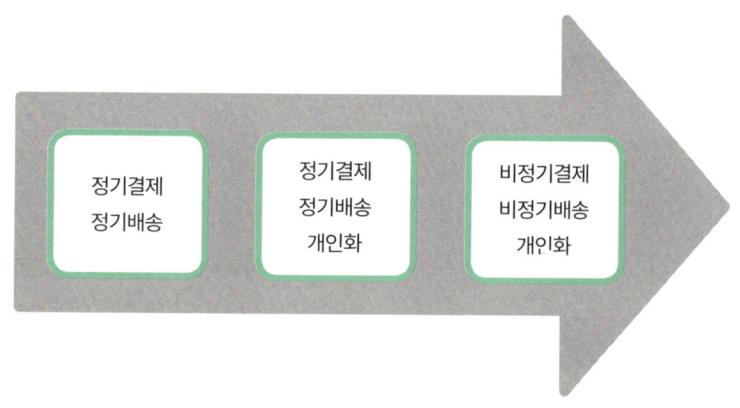

구독 모델의 진화

현재 대부분의 구독 비즈니스 모델은 1단계에 머물고 있다. 몇몇 스타트업은 2단계 비즈니스 모델을 목표로 서비스를 전개하고 있다. 1단계에서 2단계로, 2단계에서 3단계로의 이동은 빠르게 이루어질 것이다.

구독 모델 진화의 기저에는 소프트웨어가 있다. 고객이 원하는 것을 매번 묻는 것은 이 시대의 비즈니스가 아니다. 이제 기업은 외부 데이터와 고객의 데이터를 조합해 고객이 원하는 제품과 서비스를 추정하고 이를 검증하는 과정을 반복해야 한다. 빅데이터 분석과 머신러닝은 온라인 비즈니스의 기본값이 되고 있다.

소프트웨어는 모든 산업 영역의 중심으로 향하고 있다. 이를 다루는 개발자 역시 예전에는 사업의 변방에 있었다가 이제는 중심축으로 대우받고 있다. 개발자는 스타트업 생태계의 엔진이다. 스타트업뿐만 아니라 대기업에서도 '좋은 개발자'를 찾고 있지만, 인력이 부족한 상황이다. IT가 고부가가치 산업으로 인식된 이후부터 개발자는 언제나 부족했다.

구독 비즈니스 모델은 소프트웨어 기술을 핵심으로 삼아 진화할 것이다. 이 공식은 이미 증명되었다. 세계 유수의 기업은 이 모델을 기존 사업에 적용하면서 수익을 안정화하는 동시에 고객을 사로잡고 있다.

03
구독이 기본이 된 SaaS

SaaS의 빠른 변화

SaaS(Software as a Service, 서비스로서의 소프트웨어)는 가장 빠르게 성장하고 있는 산업 중 하나다.

2000년대로 접어들면서 인터넷을 통해 필요한 만큼만 소프트웨어를 사용할 수 있게 한 사업 모델이 등장했다. 전통적인 소프트웨어 비즈니스 모델과는 매우 달랐다. 기존 기업용 소프트웨어는 기업 내부 서버 등에 장비를 저장한 뒤 이용했다. 즉, 고객이 소유했다. SaaS는 빌려 쓰는 개념이다. 사용량이나 사용 기간 등으로 비용을 매긴다.

어도비, 웹 메일, 구글 클라우드, 네이버 클라우드, MS365, 드롭박스 등이 대표적이다. SaaS 기업 상당수는 구독 모델로 수익을 창출한다. SaaS와 구독 모델을 결합하자 기업과 고객 모두가 만족할만한 구조가 되었다. 고객은 얼마나 사용할지 모를 소프트웨어를 비싸게 사지 않아도 된다. 기업이 제공하는 무료 사용 기간에 소프트웨어를 테스트해보거나 한 달만 구독하고 해지해도 된다. 이것은 기업 고객도 일반 고객도 과거에는 누릴 수 없었던 장점이다. 또한, 고객은 항상 최신 버전의 소프트웨어를 사용하게 된다. 과거에는 버전이 올라갈 때마다 새로 샀어야 했다. 사자니 아깝고 안 사자니 꺼림칙했다. 버전에 따른 호환성도 귀찮은 문제였다.

SaaS 기업은 어떨까? 소프트웨어 개발은 오래 걸린다. 막대한 자금을 넣어야 한다. 출시 후 실적이 기업가치에 큰 영향을 끼친다. 그런데 구독 모델은 완전히 다른 효과를 빚어낸다. 기업은 고객의 반응을 실시간으로 살피며 업데이트를 진행할 수 있다. 구독자 이탈을 최소화하면서 더 좋은 소프트웨어로 진화할 수 있다는 뜻이다. 구독 모델은 소프트웨어 개발 기업이 크게 도약하는 발판이 되었다.

어도비의 도전

미국의 소프트웨어 개발사인 어도비는 구독 모델로 큰 도약을 이룬 회사다. 이 특별한 기업의 역사를 먼저 살펴보자.

척 게스케(Chuck Geschke)와 존 워녹(John Warnock)은 1982년 컴퓨터 화면의 텍스트와 이미지를 가장 정확하게 인쇄하는 시스템 개발을 위해 어도비시스템즈를 설립했다. 어도비라는 이름은 회사 근처에 있던 강 이름(어도비 크리크)을 딴 것이다. 이 회사는 텍스트와 이미지를 기존 방식과는 다르게 종이에 인쇄하는 어도비 포스트스크립트라는 기술을 선보였다. 그 덕분에 파일 서식과 그래픽, 글꼴 등이 깨지지 않으면서 있는 그대로 출력할 수 있었다. 이후 일러스트레이터와 포토샵 등 데스크톱용 소프트웨어를 개발했다. 인디자인도 뒤이어 발표했다. 애크로뱃과 어도비 PDF도 유명한 프로그램이다. PDF는 문서 공유의 표준이 되었다. 프리미어, 에프터이펙트 등 어도비의 저명한 소프트웨어들이 계속 출시됐다.

엄청난 성공을 거둔 어도비는 2011년 11월 과감한 도전을 펼쳤다. 소프트웨어 판매를 중단하고 디지털 구독 모델로 비즈니스 중심축을 옮긴 것이다. 당시 어도비는 수조 원의 매출을 기록하고 있었다. 그러나 보이지 않은 벽이 앞에 있음을 실감했는데, 이용자 수가 정체된 것이었다. 정가를 높이거나 더 높은 가격대의 제품을 구매하도록 유도하는 방식이 계속 통할지도 의문이었다. 게다가 산업은 빠르게 진화하고 있었다. 인스타그램과 유튜브 등 디지털 퍼블리싱이 광속도로 늘고 있었다.

물고기 삼키기

이미 상당한 매출을 기록한 회사가 구독 모델로 전환하는 것은 생각보다 힘들다. 기존의 판매 매출이 순간 급감하기 때문이다. 구독료는 제품 판매가보다 현저히 낮으므로 단기 실적이 처참해질 거라는 걸 예상하고 모험을 떠나야 했다.

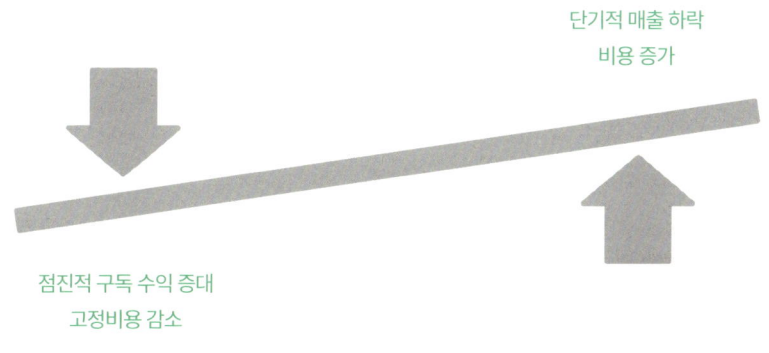

기존 판매 중심의 사업을 구독 모델로 전환할 때

이 과정을 물고기 그래프로 설명할 수 있다. 비즈니스 모델에 변화를 주면서 수익은 떨어진다. 일시 판매에 따른 매출과 영업이익이 감소하기 때문이다. 대신 비용은 증가한다. 이 때문에 판매 모델에서 구독 모델로 가는 길은 가시밭이다. 완전히 전환하기까지 재무적 손실을 감내해야 한다. 그러나 성공한다면 기업의 수익은 빠르게 증가하고 비용은 감소한다. 마침내 기업은 물고기를 삼키게 된다.

어도비는 이처럼 되리라는 신념이 있었다. 그래서 증권사 애널리스트에게 과거보다 많은 정보를 제공했다. 단기적인 재무적 부담은 미래의 성장을 위한 과정임을 설득한 것이다. 어도비는 구독 모델로 전환을 마쳤으며 실적은 승승장구하고 있다. 주가도 큰 폭으로 성장했다.

어도비의 선례를 따르는 SaaS

이제 SaaS 기업은 구독 모델을 비즈니스의 기본으로 삼는다. 뇌리에 떠오르는 대부분의 SaaS 기업은 구독 모델을 수익 창구로 삼고 있다. 마이크로소프트, 네이버, 드롭박스, 오라클 등도 당연히 이 모델을 채택했다.

이외에도 사례는 무궁무진하다. 뉴스레터 제작 툴을 제공하는 스티비와 메일침프, 업무협업 툴 슬랙과 라인웍스, 고객 획득 메신저 채널톡, 구독경제 플랫폼 소프트웨어 퍼널모아 등 구독 모델은 광범위하게 쓰이고 있다.

SaaS와 구독은 찰떡궁합이다. 장점이 많다. SaaS 구독자는 초기 비용을 낮추고 비용 구조를 단순하게 할 수 있다. 소프트웨어를 수십,

수백만 원 주고 사는 대신 저렴한 월 구독료만 내면 된다. 월 단위 구독료는 미래 비용을 쉽게 산출할 수 있게 한다. 구독 모델은 고객의 진입장벽을 낮추기도 한다. 일단 한 달 써보고 계속 구독할지 결정하면 된다. 많은 SaaS 기업이 몇 주에서 몇 달의 무료 사용 기간을 두고 있다.

SaaS 기업이 제공하는 여러 단계의 구독 프로그램은 기업과 개인이 처한 상황에 유기적으로 작용한다. 사용량이 적은 구독자는 낮은 비용의 프로그램을, 많은 구독자는 가성비 좋은 구독 프로그램을 선택하면 된다.

또한, 구독자는 실시간으로 업데이트되는 서비스를 이용할 수 있다. SaaS 기업은 구독자 이탈을 최소화해야 하므로 구독자가 불편을 느끼는 지점을 주시하면서 즉각 대응한다. 보안도 뛰어나다. 구독자의 정보가 유출되는 것은 최악의 시나리오다. 해커를 막기 위해 지속적이고도 치열한 노력을 기울인다. 소프트웨어 판매 시대 때는 기업과 개인이 해커에 대응해야 했다면 이제는 SaaS 기업이 중앙에서 역량을 집중하고 있다. 보안 대응력이 더 뛰어날 수밖에 없다.

04
글로벌 기업과 구독경제

빅테크

마이크로소프트, 애플, 구글, 아마존은 최고의 시가총액을 자랑하는 미국 4대 IT 기업이다. 이들의 앞글자를 따 통칭 MAGA라고도 부른다. 마이크로소프트의 시가총액은 2,344조 원(2022년 11월 기준)이다. 애플은 3,000조 원 전후, 아마존과 구글 역시 수천조 원이다. 참고로 우리나라 정부 1년 예산이 500조 원 조금 넘는다.

MAGA 모두 구독 모델을 서비스 일부로 두고 있다. 구독 모델의 본질을 다시 생각해 보자. 구독자를 기업의 생태계에 머물게 하는 것이다. 기업은 끊임없이 개선되는 제품과 서비스를 제공한다. 구독자의 활동에서 발생한 데이터를 분석, 활용한다. 파격적인 혜택, 배타적인 서비스, 탁월한 사용자 경험 등의 키워드가 구독 모델에 해당한다. 이 영역은 MAGA가 가장 잘 해낼 수 있는 것들이다.

구독 모델은 이미 너무도 막강해진 미국 IT 기업을 또 다른 레벨로 격상시킨 기업 전략이다. 누구도 넘어서기 힘든 존재가 된 이들이 굳히기에 들어간 모양새다.

마이크로소프트의 구독 모델

마이크로소프트는 2010년 10월, 오피스 365(Office 365)를 발표했다. 업무용 클라우드 서비스인 오피스 365는 기존의 판매 방식과는 다르게 유통됐다. 마이크로소프트가 온라인 직접 판매에 나선 것이다. 마이크로소프트 구독 사업의 시작이었다. 이후 2020년, 마이크로소프트는 365라는 브랜드를 전면에 세우며 구독 모델을 핵심 사업으로 삼았다.

마이크로소프트의 클라우드 분야 연간 매출은 2020년에 처음으로 500억 달러를 돌파했다. 이 가운데 구독형 사업인 마이크로소프트 365와 관련된 매출이 무려 200억 달러다. 이 같은 구독형 사업의 매출은 지난해 같은 기간보다 무려 50% 이상 증가했다. 마이크로소프트는 기업을 대상으로 윈도, 오피스 365, 기기 관리, 보안 등을 묶은 마이크로소프트 365를 판매했다.

2020년 7월 23일, 마이크로소프트 콘퍼런스 콜에서 에이미 후드(Amy Hood) CFO는 "전체 구독 모델 중 가장 높은 요금제인 마이크로소프트 365 E5와 오피스 365 E5의 수요가 지난 회계연도에서 전년보다 2배 늘었다"라고 발표했다. 마이크로소프트는 2020년 4월, 개인과 가족을 위한 구독 모델도 선보였다. 이 서비스는 기존 오피스 365 홈과 퍼스널을 대체한다.

마이크로소프트의 구독 모델 영역은 더 넓어지고 있다. 바로 엑스박스(XBOX)다. 소니의 플레이스테이션(PlayStation), 마이크로소프트의 엑스박스는 대표적인 콘솔 게임기다. 마이크로소프트는 게임 구독 서비스인 '엑스박스 게임 패스'를 운영한다. 매달 10,000원대의 구독료를 내면 100개 이상의 게임을 무제한으로 즐길 수 있다.

애플의 구독 모델

애플은 매력적인 하드웨어를 전 세계에 판매하는 대표적인 IT 기업이다. 매출에서 아이폰이 차지하는 비중은 압도적이다. 그런 애플이 몇 년 전부터 구독 서비스를 확장하는 데 큰 노력을 기울이고 있다. 하드웨어에 구독형 소프트웨어를 더하는 방식으로.

가장 대표적인 서비스는 애플TV플러스(Apple TV+)다. 2019년 11월 1일 출시한 이 서비스는 넷플릭스와 유사한 회원제 구독형 서비스다. 애플도 오리지널 콘텐츠를 제작, 배급하고 있다. 구독료는 5달러 수준이다. 게임 구독 서비스 애플 아케이드(Apple Arcade)의 구독료는 6,500원 수준이다. 2019년 3월에 처음 선보인 이 서비스를 이용하면 수많은 게임을 무제한 즐길 수 있다. 엑스박스 게임 패스와 비슷하다. 애플뮤직은 애플TV플러스나 애플 아케이드보다 앞서 2015년에 출시된 음악 스트리밍 서비스다. 이 역시 구독제 기반으로 운영된다. 또 다른 매력적인 구독 서비스도 있다. 원격 피트니스 서비스인 피트니스 플러스다. 트레이너가 등장하는 콘텐츠를 시청하면서 요가와 춤, 근력 운동을 할 수 있다. 애플뮤직과 연동되어 적절한 음악을 추천해 주기도 한다.

다수의 구독 서비스가 등장하면서 충성 구독자를 위한 통합 구독 모델도 등장했다. 애플 원(Apple One)이다. 통합 요금제를 사용하면 더 저렴한 가격으로 여러 구독 서비스를 이용할 수 있다.

애플이 사업의 한 축으로 구독 모델을 선택한 이유는 명확하다. 하드웨어 의존도를 낮추기 위함이다. 애플의 2022년 3분기 서비스 부문 매출은 지난해 같은 기간보다 12% 증가한 196억 400만 달러였다. 전체 매출에서 차지하는 비중도 23.6% 수준으로 높아졌다. 이처럼 하드웨어가 압도적인 기업이 소프트웨어 구독 서비스에도 힘을 싣게 된다면 다양한 가격 전략을 구사할 수 있다. 하드웨어와 구독 서비스 가격을 조절해가며 최적화된 패키지를 도출할 수 있게 되는 것이다.

알파벳의 구독 모델

알파벳을 소개할 때 구독은 절대 뺄 수 없는 단어다. 알파벳의 주력 구글은 앱스토어인 구글 플레이(Google Play)를 운영하고 있다. 수없이 많은 구독 앱이 등록된 이 앱 마켓은 매년 빠르게 규모가 커지고 있다. 시장 조사기관 센서타워(Sensor Tower)에 따르면 구글 플레이로 배포한 구독 앱의 시장 규모가 2019년 19억 달러에서 2020년 27억 달러로 42% 증가했다. 앱에서 결제하는 금액이 커질수록 유통경로를 차지한 구글의 수익도 많아진 것이다.

알파벳이 2006년 인수한 유튜브도 구독을 강력한 수익 창출 수단으로 사용했다. 2015년 유튜브 프리미엄(당시 명칭은 유튜브 레드)을 발표했다. 프리미엄에 가입하면 영상을 보다가 중간에 뜨는 광고를 보지 않아도 된다. 유튜브 동영상을 내려받고 오리지널 콘텐츠를 감상할 수도 있다. 유튜브를 작은 화면(PIP)으로 전환해 다른 작업을 동시에 할 수 있는 기능도 제공한다.

유튜브의 구독 모델은 다소 특이하다. 타 구독 서비스가 가격 대비 훌륭한 서비스를 제공하기 위해 노력한다면, 유튜브는 광고를 봐야만

하는 불편을 제거하는 기능을 제공한다. 즉, 불편하지 않으려면 프리미엄을 구독해야 한다. 프리미엄 구독자 중 상당수는 광고가 없는 쾌적함을 누리기 위해 가입했다고 한다. 이 같은 구독 모델이 가능했던 이유는 유튜브의 압도적인 시장 지위다. 유튜브를 대체할 영상 콘텐츠 플랫폼이 전무한 탓이다.

또 다른 강력한 구독 서비스인 구글 원(Google One)도 있다. 구글이 제공하는 다양한 서비스를 200% 활용할 수 있다. 구독자는 동영상, 음악, 문서 등 다양한 디지털 자료를 저장할 수 있는 공간을 받는다. 사진과 동영상은 압축 상태가 아닌 원본 화질로 저장된다. 자료는 구글의 보안 기능으로 안전하게 보호된다. 휴대전화에 저장된 데이터도 구글 원 앱을 통해 백업된다.

아마존의 구독 모델

아마존은 마이크로소프트, 애플, 구글보다 구독 모델을 잘 활용하고 있다. 클라우드와 이커머스라는 이질적인 두 사업을 세계 1위로 끌어올린 유일무이한 업적을 세웠다. 두 사업 모두에 구독 모델을 끌어들여 압도적인 성장을 이어 나가고 있다.

먼저 아마존웹서비스(AWS)를 살펴보자. 컴퓨터 연산, 저장뿐만 아니라 컴퓨터 성능과 관련한 서비스 대부분을 원격으로 제공한다. 간단하게 이야기하면 인터넷을 통해 서버를 임대하는 것이다.

  요금제는 다양하다. 고객은 상황에 맞춰 여러 선택지 중 하나를 고른다. 사용량에 비례하는 과금 방식은 사용자가 예측이 아닌 필요에 따라 비즈니스를 조정할 수 있게 한다. 따라서 사용자는 용량을 오버프로비저닝하거나 언더프로비저닝하는 위험을 줄일 수 있다. 아마존 웹서비스에서는 대량 구매 시 할인하고 있으며 사용량 증가에 따라 상당한 비용을 절감해준다. 많이 사용할수록 GB당 요금은 줄어드는 것이다.

  실제 요금 시스템은 위의 설명보다 훨씬 복잡하다. IT 비전문가는 이해하기 어렵다. 그래서 아마존은 월별 비용을 계산할 수 있는 웹서비스 요금 계산기를 내놓았다.

  또 다른 강력한 구독 모델은 아마존 프라임(Amazon Prime)이다.

  아마존은 구독자에게 빠른 무료 배송 서비스를 제공한다. 미국에서 이 서비스는 파격적이었다. 넓은 땅에서 1일 배송한다는 것은 어마어마한 인프라와 물류를 관리할 최첨단 IT 시스템이 필요하다는 뜻이다. 다른 혜택은 아마존파머시(Amazon Pharmacy)의 처방전에 대한 무료 2일 배송을 이용할 수 있고, 독점 할인 혜택도 있다. 아마존의 식료품 마켓(Whole Foods Market)에선 전용 특가 제품을 구매할 수 있다. 프라임 구독자는 아마존 오리지널, 영화, TV 프로그램을 시청할 수 있고 프라임 게이밍을 통해 게임을 즐길 수 있다. 또 아마존 뮤직의 노래를 광고 없이 들을 수 있고 프라임 리딩에 담긴 수많은 전자책과 잡지, 만화 등을 즐길 수 있다.

"이래도 아마존 프라임의 회원이 되지 않을 텐가?"

아마존이 전하는 메시지는 단순명료하다. 앞서 말한 모든 것을 즐기기 위한 대가는 월 13달러밖에 안 된다. 아마존에서 주문 몇 번, 게임 몇 개 하고 영화 한두 편만 봐도 구독료를 넘어선 효용을 누렸다고 생각한다.

빅테크가 파는 거대한 해자

구독 모델은 생태계를 만든다. 기업들은 그 안에 모인 사람들이 빠져나가지 않도록 끊임없이 전략을 갈고닦는다.

구독 모델이 IT 기업 전면에 등장하기 전, 기업 간 고객 쟁탈전은 너른 벌판에서의 전투와 같았다. 기업들은 벌판 양 끝에서 진영을 펼치고 예의주시하다가 상대에게 달려들었다. 더 예리한 칼, 새로 개발한 무기를 동원해 서로의 체력을 깎는 전투(마케팅 경쟁)를 치러 승자와 패자를 나누었다.

그러나 구독 모델이 등장하면서 전투 방식은 달라졌다. 구독 모델로 무장한 기업은 깊은 해자를 파고 수성전을 치를 수 있게 됐다. 시장에 새로 발을 딛는 후발주자는 깊은 해자를 건너고 높은 성벽을 올라갈 방법을 찾아야 한다. 또 다른 주된 변화가 있다. 성안의 시민(구독자)은 수성군의 강력한 조력자가 되어있다는 것이다. 방어군은 시민의 도움으로 해자를 더 깊게, 성벽을 더 높게 쌓는다. 그것도 실시간으로!

과거에는 기업이 흥망 하는 순환이 역사적 순리였다. 그러나 MAGA는 너무나도 큰 격차를 만들며 앞서고 있다. 구글이 10년 안에 망할까? 아마존이 다른 이커머스 기업에 밀릴까? 상상하기 쉽지 않다. 구독 모델은 MAGA의 매우 강력한 라이트세이버(Lightsaver)가 되었다.

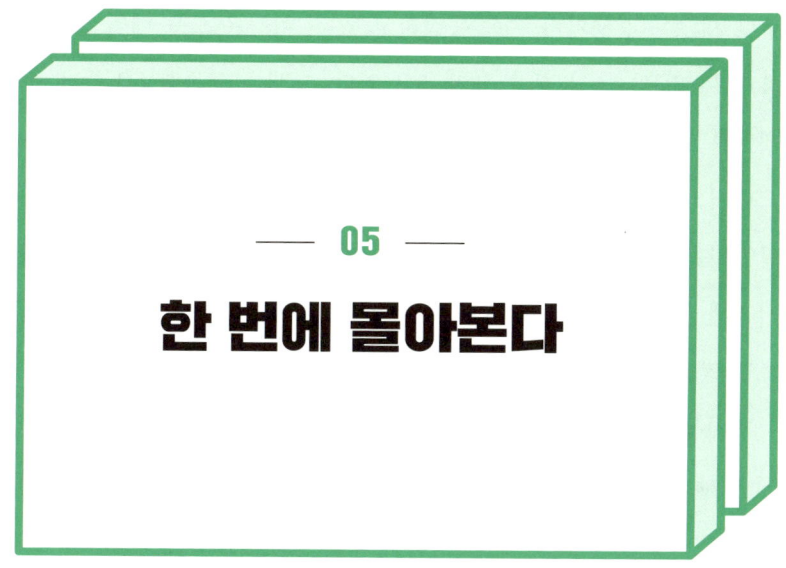

05 한 번에 몰아본다

시간적·물리적 제약이 사라지다

새로운 산업은 신조어를 만든다. 폭음과 폭식을 의미하는 빈지(Binge)와 본다는 뜻의 워치(Watch)가 결합한 '빈지워치'는 단기간에 TV 프로그램 등 콘텐츠를 몰아서 보는 행위를 뜻한다. 사람들은 왜 영상 콘텐츠를 몰아보는 걸까?

OTT(Over The Top)는 넷플릭스같이 인터넷을 통해 볼 수 있는 TV 서비스를 말한다. 구독경제의 핵심인 OTT 산업에는 넷플릭스를 선두로 새로운 경쟁자가 속속 등장하고 있다. 이들은 모두 매월 구독료를 받는 비즈니스 모델을 내세우고 있다. 고객은 구독한 OTT 내 콘텐츠를 모두 즐길 수 있다.

과거의 영상 콘텐츠 시청 습관을 돌이켜보자. 정해진 요일, 시간에 방영하는 인기 드라마를 보려고 시간에 맞춰 집에 들어갔다. 드라마 시작에 앞서 연이은 광고를 봐야 했다. 드라마의 인기가 높을수록 광고도 많았다. 시청자의 시청 패턴은 콘텐츠에 매여있었다.

케이블TV 시대가 되면서 다시 보기가 기본이 되었고 그 결과 시간에 얽매일 필요가 없어졌다. 대신 케이블TV 이용료를 내야 했고 일부 콘텐츠는 별도로 결제해야 했다. 무료와 구독, 건별 구매 등 여러 방식이 혼재되었다. 사람들은 자기 성향에 맞춰 상품을 결정하기도 했지만, 약정 기간에 묶여 자신에게 최적화된 콘텐츠 소비가 불가능했다.

넷플릭스는 가장 직관적인 형태의 비즈니스 모델을 선보이면서 미국 케이블TV 산업의 지배력을 빠르게 깎아내렸다. 매월 구독료를 내면 모든 콘텐츠를 볼 수 있다는 매력적인 방식, 심지어 구독료는 케이블TV보다 훨씬 저렴했다. 넷플릭스는 콘텐츠 양이 적다는 한계를 극복하고자 큐레이션 기능에 집중했다. 사람들이 보기 원하는 콘텐츠를 우선 노출하고, 또 직접 제작하기까지 했다.

OTT는 특히 스마트폰을 기반으로 작동했기에 공간적 제약도 없었다. 시공간적 제약이 사라지면서 언제 어디서나 저렴하게 콘텐츠를 즐길 수 있는 시대가 열렸다.

새로운 서비스에 따른 새로운 시청 문화

'빈지워치'로 돌아가자.

OTT는 시리즈물을 한꺼번에 공개하는 방식으로 마니아를 포섭했다. 새로운 서비스는 새로운 소비문화를 만든다. 매번 다음 편을 기다렸던 과거와는 달리 현재의 시청자는 기다림에 익숙하지 않다. 완결한 시리즈를 즐기게 된 그들은 빠르게 선택하고 또 빠르게 포기한다. 콘텐츠가 재미없으면 바로 떠난다. 콘텐츠뿐만이 아니다. OTT도 마찬가지다.

OTT 중심의 콘텐츠 생태계가 형성되면서 여러 서비스는 더 좋은 콘텐츠를 확보하고 더 낮은 구독료를 책정하는 경쟁에 돌입했다. 기존 TV 중심의 기업은 위기에 몰렸다. 시청자는 기업의 치열한 경쟁 속에서 과실을 챙길 수 있었다.

언제든 구독 해지할 수 있도록 시청자 친화적 상품을 내놓는 OTT 덕분에 볼 게 없다면 즉시 해지하고 다른 OTT로 갈아탈 수 있다. 그래서 시청자는 최소 비용으로 최고의 콘텐츠를 소비할 수 있게 되었다.

개인에게 최적화된 콘텐츠 제공을 위해 온갖 기술을 동원하는 기업 덕분에 빈지워치 현상은 쉽게 사라지지 않을 것이다. 특히 빈지워치의 후속 현상으로 구독을 해지했다가 재구독하는 '반복 구독 현상'도 일반화되어 가고 있다.

넷플릭스는 정교한 콘텐츠 추천 알고리즘을 구축하고 있다. 넷플릭스 첫 화면엔 구독자가 좋아하는 장르가 자리 잡는다. 그 정확도는 기가 막힐 정도다. 넷플릭스는 DVD를 대여하던 시기부터 이 알고리즘을 만들어왔다. 고객의 DVD 대여 목록을 분석했던 것이다. 넷플릭스의 핵심 역량이 이 알고리즘에 있다고 해도 과언이 아니다.

빈지워치의 의미

시청자 취향을 파악해 콘텐츠를 선별하는 역량은 OTT의 기본이 되었다. 너도나도 개인 맞춤형 콘텐츠를 제공한다고 홍보한다. 더 나아가 데이터를 기반으로 한 '잘 나갈' 콘텐츠를 사전 제작하기에 이르렀다. 이러한 현상이 구독 모델에 시사하는 바는 크다.

구독 모델은 일회성 구매 패턴의 고객보다 충성 고객을 더 많이 확보할 수 있다는 점에서 안정적인 현금흐름을 만들어낸다. 그런데 고객은 쉽게 떠난다. 사업자는 압도적인 서비스를 만들어 독점적, 독과점적 지위를 차지해야 하는 어려운 과제를 받았다. 기업은 아주 저렴한 가격이나 압도적인 개인 맞춤형 서비스 혹은 매우 우수한 품질 중

적어도 하나는 확보해야 한다.

소프트웨어와 콘텐츠에서 촉발된 구독경제 모델은 이제 오프라인으로 퍼지고 있다. 면도기, 생리대, 책, 이불 등 일상생활용품은 대표적인 상품군이다. 이제 막 발을 뗀 이 새로운 비즈니스 모델에 기대어 여러 스타트업이 혁신을 선보이고 있다. 그러나 대기업은 될성부른 아이템이 발견된다면 주저 없이 뛰어들 것이다. 오프라인 구독경제의 근간이 되는 제품 생산능력과 유통망이 이미 있기 때문이다.

스타트업의 속도와 대기업의 적응력 간의 경쟁이라고 봐도 과장은 아니다. 대기업에 유리하다고 생각하는가? 오판이다. 넷플릭스가 성장했던 십여 년간 미국 케이블TV 기업은 제대로 된 반격을 하지 못했고 달러쉐이브클럽이 면도기 시장 점유율을 한참 잠식한 후에야 질레트 등의 기존 대기업은 부랴부랴 대응책을 내놓았다.

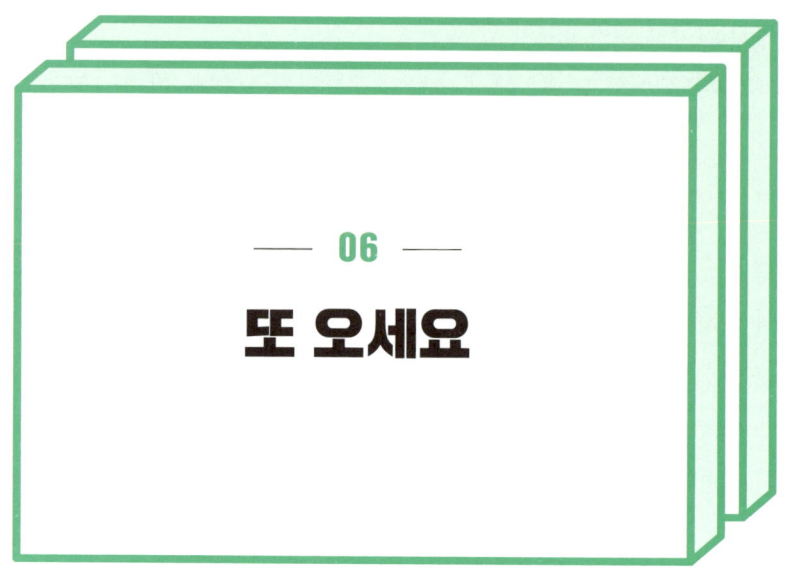

06
또 오세요

언제든 떠날 수 있도록

과거의 기억을 되살려보자. 서비스에 가입하거나 제품을 산 뒤 탈퇴 혹은 환불 과정에서 어려움을 겪은 적이 있을 것이다. 아무리 사이트를 뒤져도 탈퇴라는 글씨를 찾아볼 수 없거나 고객센터에 문의해도 핑계를 대며 항의를 무마하려는 상담원도 만나봤을 것이다.

때론 기업의 부족함 때문에 이런 불편이 생기지만, 이 같은 불편함은 분명 기업 전략이다. 고객의 이탈을 어렵게 하려는 것이다. 이러한 전략은 특정 시장에서 지배력을 갖춘 기업에 유의미했다. 고객은 탈퇴하더라도 마땅한 대안이 없다. 일 처리 과정은 복잡하다. 결국, 짜증 나고 귀찮아져서 이탈을 포기한다. 이렇게 불친절한데도 기업은 시장 지배력을 유지할 수 있다. 기업은 탈퇴, 환불 과정에서 '정말 탈퇴, 환불할 거냐고' 계속 물어본다. 고객은 다시 고민한다. 불쾌하지 않을 수 없다!

하지만 구독경제 모델에서는 언제든 이탈할 수 있도록 돕는다. 이는 일회성 고객을 다시 서비스로 끌어들이는 역할을 한다. 또 고객이 느끼는 불편함을 최소화해 서비스에 대한 신뢰도를 높여준다.

넷플릭스의 사례를 참고해보자. 그들은 한 달간 체험하고 마음에 안 들면 탈퇴해도 된다는 체험형 마케팅을 적극적으로 이용했다. 고객은 여기서 두 가지 감정을 느낀다. 첫째, 넷플릭스의 자신감이다. 서비스가 마음에 안 들면 언제든 탈퇴하라니. 대단한 자신감이다. 둘째, 편의성이다. 고객 상당수는 넷플릭스의 서비스가 구체적으로 무엇인지 정확히 인지하지 못한 채 이용하고자 한다. 이때 '언제든 탈퇴 가능'이라는 옵션은 큰 힘을 발휘한다. 더 많은 고객이 넷플릭스를 경험하도록 하고 결과적으로 더 많은 고객이 넷플릭스 생태계에 머물게 되는 것이다.

이러한 정책은 많은 구독 비즈니스 모델의 기본이 되었다. 여러 구독 서비스가 첫 달 무료 혹은 첫 몇 달간 파격 할인 등의 조건을 내걸고 있다. 물론 탈퇴 혹은 환불도 간편하게 설계해두었다.

계획적 노후화

계획적 구식화(Planned Obsolescence)란 말을 들어본 적 있는가? 기업이 신제품의 판매량을 촉진하기 위해 제품 제작 때 일부러 개발을 진부화하거나 노후화하는 것이다. 세계적 대기업이 만든 스마트폰이 대표적이다. 사람들은 "튼튼하게 만들 수 있음에도 교체를 유도하려고 일부러 약하게 만든다"라고 의심한다. 미국 IT 전문매체 폰아레나가 2018년 "계획적 구식화가 실제로 존재한다고 생각하느냐"라는 설문조사를 진행했다. 결과는 충격적이다. 전체 응답자 1,457명 중 90.6%가 "그렇다"라고 답했다. 계획적 구식화가 사실이든 아니든 소비자는 '그렇게' 느끼고 있다.

 구독 모델은 정반대 길을 걷는다. 계획적 구식화보다는 지속적인 개선에 방점을 찍었다. 구독 모델은 고객이 어쩔 수 없이 새로운 제품을 사게 하지 않는다. 오히려 고객의 불만에 귀 기울이고 문제를 해결하는 데 집중한다. 매출이 단기적으로 준다고 해도 고객 만족도를 높이는 데 가치를 둔다. 그러한 행위가 장기적 이윤으로 돌아온다고 믿기 때문이다. 소비자 기만은 그들의 방식이 아니다.

 집 안을 살펴보자. 오래된 전자제품과 낡은 가구, 쓰지도 버리지도 못하는 수많은 것들이 널려있다. 구식화되지 않은 제품은 찾아보기 힘들다. 긴 세월, 사람들은 소유로써 만족감을 느꼈다면 이제 상황은 반전됐다. 소유의 한계를 경험한 것이다. 이제는 기업에 지속적인 개선을 요구한다. 언젠간 바꿔야 하는 제품의 가치는 예전에 비해 크게 떨어졌다. 단골손님을 확보하려면 기업도 새로운 방식의 비즈니스 모델이 필요하다.

꾸준한 현금흐름

단골손님이 되는 과정을 보면 구독경제 모델의 특징을 쉽게 이해할 수 있다.

고객은 처음 방문한 가게를 신뢰하지 못한다. 첫 구매에 만족하지 못하면 재방문하지 않는다. 그런데 가게가 고객의 불만족을 기꺼이 받아들이고 100% 환불한다면? 고객은 다시 그 가게를 찾는다. 설령 다시 방문했는데 또 만족스럽지 못한 경험을 했어도 이젠 용납할 수 있다. 그에 대한 보상을 받을 것이라고 기대하기 때문이다. '당신이 우리 가게를 재방문한다면 분명 만족스러운 경험을 하게 될 것이다'라는 자신감과 '최고의 경험을 위해 최선을 다한다'라는 정책이 합쳐지면서 고객은 가게를 좋아하게 된다.

구독 모델은 단골 장사와 같다. 고객은 정기 결제를 통해 기업을 전

폭적으로 지지한다. 기업은 안정적인 현금흐름을 확보한다. 서서히 쌓이는 정기 구독자의 힘을 바탕으로 서비스와 제품의 질에 집중하며, 단골손님은 더 나은 서비스를 받고 더 좋은 제품을 공급받는다. 물론 구독료는 거의 일정하게 유지될 것이다.

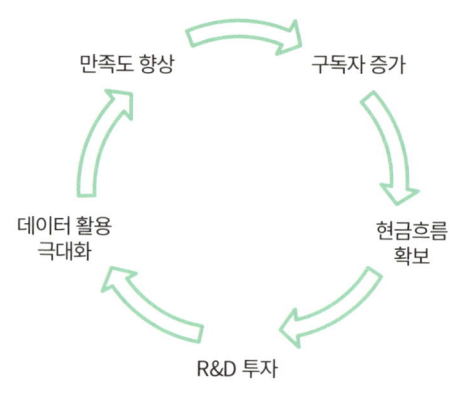

구독 모델의 선순환

다시 한번 넷플렉스의 사례를 참고해보자. 콘텐츠 산업은 불확실성이 매우 높다. 영화나 드라마 시리즈가 큰 성공을 거둘지 아니면 처참히 망할지 알 수 없기 때문이다. 대형 콘텐츠 공급자는 이러한 성공과 실패의 경기에서 높은 타율을 기록할 뿐이다. 하지만 2억 명이 넘는 구독자를 확보한 넷플릭스는 탄탄한 현금흐름을 무기로 성공과 실패에 덜 연연한다. 과감하게 새로운 콘텐츠 영역에 도전한다. 더욱이 2억 명이 매일 어떤 콘텐츠를 선호하는지 파악할 수도 있다. 그렇다. 이들은 더 이상 전통 콘텐츠 기업이 아니다.

현금흐름은 기업 활동의 핵심이다. 돈이 기업에 유입되고 기업은 그 돈으로 비즈니스를 펼친다. 이 과정에서 돈은 유출된다. 돈은 혈액처럼 기업이라는 심장을 출입한다. 기업은 이 과정을 거치며 가치를 불려 나간다. 현금흐름의 변화는 기업의 미래를 바꾼다. 현금흐름이 좋지 않다는 것은 미래가 불투명하다는 이야기다. 새로운 스타트업뿐만 아니라 대기업도 더 좋은 현금흐름을 창출하기 위해 노력하고 있으며 그 결과 구독경제는 우리 산업의 중요 요소로 부상하고 있다.

07
구독경제라는 단어를 처음 쓴 사람

주오라의 비즈니스

주오라(Zuora)는 2019년 6월, 구독 서비스에 필요한 여러 결제 및 매출 분석 솔루션을 통합한 주오라 센트럴을 공개했다. 주오라 센트럴은 6개의 코어 엔진으로 구성되어 있다. 프라이싱 엔진, 서브스크립션 오더 엔진, 레이팅 엔진, 글로벌 페이먼트 엔진, 서브스크립션 어카운팅 엔진, 서브스크립션 메트릭스 엔진이다. 이 엔진들이 어떤 역할을 하는지 파악하면 구독 모델이 어떻게 구동되는지를 알 수 있다.

프라이싱 엔진(Pricing Engine)

간단하게 가격을 설정하고 패키지를 구성할 수 있는 기능이다. 전략적이고 맞춤화된 가격 계획을 설계하기 위해 여러 모델을 기획하고 통합하는 데 사용한다. 프로세스를 다시 코딩할 필요 없이 모든 비용에 등급, 청구, 세금, 수익 규칙 등을 적용할 수 있다. 기업과 구독자가 모두 만족하는 가격을 찾아내는 여정은 구독 모델 기반 기업이 거쳐야 할 필수 코스다.

서브스크립션 오더 엔진(Subscription Order Engine)

구독 라이프 사이클을 관리하고 모든 고객 이벤트에 대한 청구, 지불, 매출 등을 자동 계산한다. 다중 구독 변경, 일시 중단, 업그레이드, 다운그레이드, 갱신 등 모든 유형의 구독 주문을 처리한다. 이외에도 고객의 여러 활동을 인식하고 이에 대응한다. 고객 환경에 맞춰 적절한 구독 프로그램을 제시할수록 기업은 더 탄탄한 구독자층을 확보하게 된다.

레이팅 엔진(Rating Engine)

오류 없는 청구서를 발송해 높은 고객 만족도를 창출하도록 자금과 회계 항목의 다양한 비율을 계산한다. 복잡한 회계 모델이나 가격 산출 모델 등의 계산 작업이 이 엔진을 통해 이루어진다.

글로벌 페이먼트 엔진(Global Payment Engine)

쉬운 결제는 구독 비즈니스 모델의 핵심이다. 고객이 결제 단계에서 이탈하지 않도록 돕는다. 처리 시간을 최적화하기 위해 고객이 원하는 결제일을 지정하도록 하고 그 날짜에 맞춰 데이터를 그룹화한다.

서브스크립션 어카운팅 엔진(Subscription Accounting Engine)

자동화된 재무 운영을 가능하게 한다. 매출과 외상거래 등 다양한 상거래를 적절한 하위 항목으로 전환해 장부의 완성도를 높이고, 다른 재무 및 수익 애플리케이션과 연계한다. 판매 모델에서 구독 모델로 전환하는 과정에서 기업은 지원 부서와도 힘을 합쳐야 하는데 이 엔진은 그 과정을 매끄럽게 한다.

서브스크립션 매트릭스 엔진(Subscription Metrics Engine)

계량적 분석을 활용해 의사 결정에 도움이 될 인사이트를 추출하며 이를 통해 새로운 기회를 포착하도록 한다. 예약, 청구, 현금, 수익 등 여러 데이터를 분석한다. 구독 모델은 다양한 구독자 데이터를 기업에 제공하며 기업은 이를 효율적으로 활용해야 한다.

이처럼 주오라는 구독 비즈니스를 위한 완벽한 솔루션을 제공하기 위해 노력하고 있다. 이 같은 노력의 배경엔 구독경제를 신뢰하는 창립자가 있다. 이 비즈니스 모델이 장차 성장할 것이며 이를 위한 전문

소프트웨어가 필요할 것이란 가설을 세운 것이다.

주오라 창업자 티엔 추오

주오라의 창업자인 티엔 추오 CEO는 미국 코넬대학교 전기공학과를 졸업하고 세일즈포스(Salesforce) 최고마케팅책임자(CMO)와 최고전략책임자(CSO)를 역임했다. 세일즈포스에서 일하며 구독경제의 가능성을 내다봤다. 세일즈포스가 바로 '클라우드 컴퓨팅' 구독 모델로 성공을 거뒀던 것이다. 세일즈포스는 구독 모델을 초기에 도입한 글로벌 기업 중 하나다.

티엔 추오 CEO는 소프트웨어 산업뿐 아니라 다른 산업에서도 구독 모델이 통용될 것으로 전망했다.

그는 2007년 구독 비즈니스 솔루션을 제공하는 주오라를 설립했다. 2019년 11월 18일 이코노미조선과의 인터뷰에서 "전 세계 어떤 산업 영역에도 적용할 수 있는 보편적인 모델로 이미 제조·헬스케어·농업·에너지 등 산업 전반에 걸쳐 수많은 회사가 사업 모델을 구독 비즈니스로 전환하고 있다"라고 말했다. 이어 "기술이 발전할수록 사용량을 더 정교하게 계량할 수 있게 될 것"이라며 "음식·주거·교통·의류·소매·소프트웨어 등 우리가 소비하는 모든 것에 전기나 물처럼 '쓴 만큼 내는' 방식이 가능해질 것이다"라고 설명했다.

주오라는 세계 유수의 기업을 고객, 아니 구독자로 두고 있다. 지멘스 헬스케어, 포드, GE, 파이낸셜타임스, HBO 등 오랜 역사의 기업도 주오라의 서비스를 이용한다.

티엔 추오 CEO의 선견지명은 들어맞고 있다. 2021년 3월 3일 주오라가 발표한 자료에 따르면, 구독 비즈니스는 지난 9년 동안 S&P500 기업보다 6배 가까이 빠르게 성장했다. 주오라의 의뢰를 받은 설문조사기관 해리스폴(Harris Poll)은 성인 13,626명(12개국)을 조사했는데 결과가 주목할 만하다. 설문 대상 중 78%는 구독 서비스를 사용하고 있다. 2018년 71%보다 7% 포인트 증가한 수치다. 3분의 2는 구독 서비스를 사용하면서 서비스 제공 기업과 연결되어 있다는 느낌을 받았다고 답했다. 설문 대상 중 42%는 편리함 때문에 35%는 저렴한 가격 때문에 구독 서비스를 이용한다고 답했다.

주오라는 뉴욕증권거래소에 상장되어 있다. 시가총액은 9억 5,800만 달러(2022년 11월 7일 기준), 1조 3,000억 원에 달한다. 20년도 되지 않은 기업이 구독 모델에 기대어 광속도로 성장한 것이다.

08

'일대다'에서 '일대일'로

승패가 없는 친목 경기

A와 B가 탁구를 한다. 공격적인 선수인 A는 강력하고 변칙적인 공격을 끊임없이 퍼붓는다. B는 온 신경을 집중해 공의 회전과 A의 공격 패턴을 예의주시한다. B도 악전고투한다. 어떻게든 A의 공격을 받아넘긴다. A는 우승상금을 따간다. B는 경기장을 떠난다. A는 또 다른 이기기 쉬운 선수를 찾는다.

또 다른 경기가 있다. A와 B는 공을 주고받지만, 긴장감은 없다. 둘은 가끔 기교를 부리나 재미를 위한 시도일 뿐이다. A와 B는 경기를 즐김과 동시에 경기 수행 능력을 높인다. 경기가 끝나도 A와 B는 후일을 기약하며 악수한다.

전자의 이야기는 그간 기업이 고객을 응대하던 모습이다. 기업은 제품과 서비스를 팔기 위해 다양한 방법을 썼다. 매력적인 연예인을 광고 모델로 기용하고 자극적인 배너 광고를 만들었다. '지금 사지 않으면 후회한다'라는 마음을 불편하게 하는 마케팅도 자주 했다. 빌딩 위 대형 전광판과 지하철 역사 대형 광고판, 갑자기 나타나는 웹사이트 팝업 배너는 우리의 눈을 (강제로) 사로잡았다. 기업은 고객의 눈앞에 물건을 들이밀었다.

후자의 이야기는 구독 모델이다. 기업과 고객은 다른 편이 아니다. 친목 경기다. 기업은 고객에게 진심을 전한다. "나는 너를 위해 노력할 거야"라는 메시지를 계속 전달한다. 기업의 이윤보단 고객의 만족을 전면에 내세운다. 아니, 고객의 만족이 기업의 이윤으로 연결된다고 믿는다. 기업은 고객을 편안하게 하는 데 초점을 맞춘다. 유통경로도 단순화한다. 기업과 고객은 핫라인으로 연결된다. 이는 기업이 고객의 목소리를 바로 접할 수 있게 한다. 줄어든 유통비용은 결과적으로 기업의 이윤과 고객 혜택으로 귀결된다.

구독 모델을 기반으로 둔 한 스타트업의 대표는 자신들의 서비스를 이렇게 표현했다.

"우리는 경쟁사의 동향에 크게 신경 쓰지 않아요. 경쟁사를 신경 쓰다 보면 비용 절감과 공격적인 마케팅 따위에 집중하게 되거든요. 우리는 고객의 마음속 이야기에 가장 큰 관심이 돼요. 돈을 쓰는 건 그들이기 때문이죠."

일대일의 관계

그동안 기업 활동은 '일대다(one to many)'의 관계가 기반이었다. 제품과 서비스를 만든 기업은 최대한 많이 팔아야 했다. 대중 광고는 이같은 기업 활동의 결과물이었다. 대규모 생산과 대규모 판매가 성적표를 결정지었다. 유통경로가 복잡했으므로 자사의 제품과 서비스를 사용하는 고객이 누구인지 정확히 파악하지 못했다. 두루뭉술한 고객 정보만 받아봤을 뿐이다.

일부 고객의 불만은 감내해야 하는 잡음(noise)이었다. 대규모 판매 과정에서 발생하는 오류와 하자, 불충분한 서비스는 어쩔 수 없는 일이었다. 고객 사후 관리 부서는 폭탄처리반 취급을 받아 결코 주요 부서로 받아들여지지 않았다. 기업의 핵심 부서는 생산 담당팀과 마케팅

팀이었다. 고객의 목소리는 기업의 의사결정권자에게 잘 닿지 않았다.

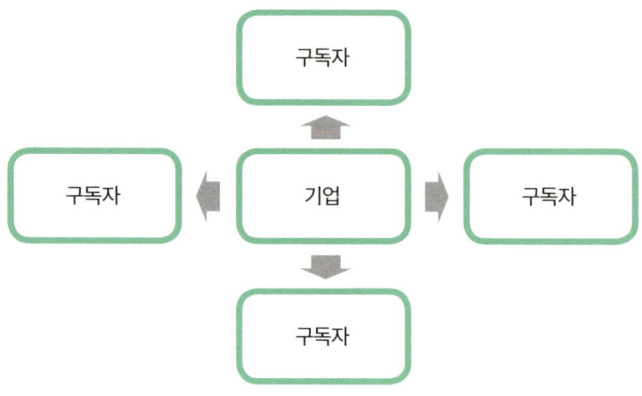

구독 모델에서의 기업과 고객의 관계

그렇다면 일대일(one to one)의 관계는 어떨까? 구독 모델에서 고객은 저마다 ID를 부여받는다. 그 안에는 다양한 정보가 있다. 구독을 언제 시작했는지, 서비스 혹은 제품을 얼마나 잘 이용하는지, 언제 구독을 멈췄고 또 재개했는지, 사이트나 애플리케이션에는 얼마나 자주 접속하는지, 어떤 건의 사항을 남겼는지 등 고객의 개별적인 특성이 담긴 ID는 수천, 수백만 개가 모여 방대한 데이터를 형성한다. 이 데이터의 질은 일대다 관계에서 발생하는 데이터와는 전혀 다르다. 기업은 살아 움직이는 데이터를 바탕으로 서비스, 제품을 개선하며 가격을 재설정할 수 있다.

그렇다. 기업은 '진짜' 고객과 일대일로 마주하고 있다. 고객 ID는 사업 의사 결정의 핵심으로 부상했다. 고객 사후 관리 부서는 더 이상 폭탄처리반이 아니다. 기업의 과거, 현재, 미래를 그리는 핵심 부서다. 마케팅팀은 ID 데이터를 바탕으로 더 정교한 광고와 대외 정책을 수립한다. 생산 부서는 고객 피드백에서 의미 있는 의견을 선정해 미래의 생산 계획에 반영한다. 전략 부서는 야성적인 모험보다 체계적인 개척에 나선다.

고객이 왕이다

'고객이 왕'이라는 표현은 한때 기업 전략의 핵심이었다. 고객을 극진히 모시는 일은 기업이 고객에게 얼마나 충성하는지 보여주는 수단이었다. 특히 VIP 관리 업무는 기업의 브랜드 가치에 큰 영향을 끼쳤다. 그러다가 언젠가부터 자본주의의 폐해를 드러내는 말로도 쓰였다. 과도한 기업의 서비스 경쟁은 겉치레로 변질했다. 고객이 요구하는 것이라면 무엇이든 들어줘야 한다는 전근대적인 기업 행동도 나타났다. 그 와중에 진상 고객은 진짜 왕처럼 군림하러 들었다.

구독 비즈니스 모델은 '고객이 왕'이라는 표현의 본질을 제대로 꿰뚫었다. 리츠 칼튼(Ritz-Carlton) 호텔의 설립자 세사르 리츠(Cesar Ritz)는 '고객은 왕'이라고 말하는 동시에 "고객은 절대 틀리지 않는다"라는 표어를 내세웠다. 이 두 표현을 해석하면, 고객이 원하는 것을 정확히 파악하고 이를 활용하는 게 기업 경영의 핵심이라는 뜻이다.

일대다 관계에선 고객이 원하는 것을 정확히 파악하는 게 쉽지 않다. 고객과의 거리 때문이다. 기업은 그동안 모호한 대규모 고객만을 마주했었다. 그러나 일대일 관계에서는 고객이 아무리 많아도 각각이 누구인지 알 수 있다. ID마다 발생하는 정보를 관리, 분석하는 빅데이터 기술이 진보한 덕택이다.

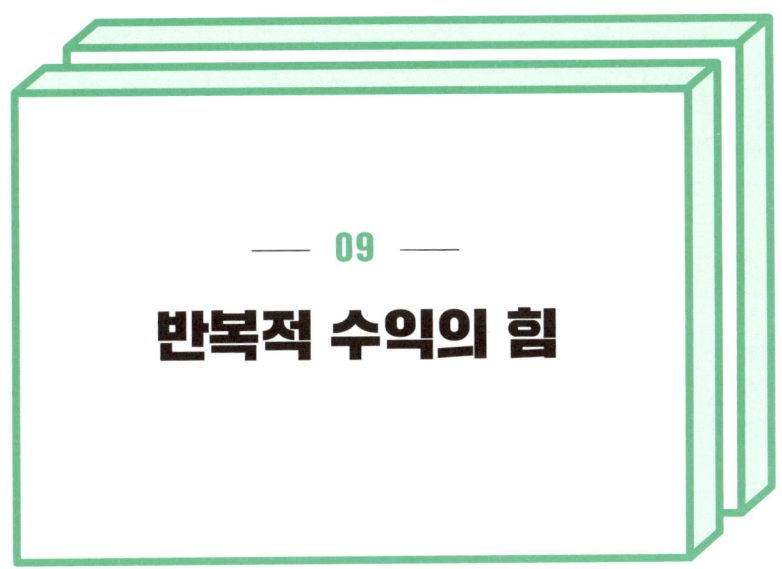

09
반복적 수익의 힘

완전히 다른 힘

한국전력공사는 상장사다. 시가총액은 11조 원(2022년 11월 기준) 안팎이다. 이 기업의 주식은 경기방어주의 대표주자다. 경제 상황에 큰 영향을 받지 않아 경기둔감주라고 부르기도 한다. 도시가스 기업들도 경기방어주 범주에 든다. 전기와 가스는 돈벌이가 시원치 않아도 어찌 됐건 써야 하는 자원이기 때문이다. 이들에게는 한 가지 특성이 더 있다. 바로 '구독 모델'로 돈을 버는 회사라는 것이다!

우리는 주기적으로 전기료와 가스요금을 낸다. 한국전력공사와 도시가스 기업들은 계절에 따라 매출이 변하지만, 예측할 수 있다. 이 예측 가능성은 기업가치를 높게 평가받는 데 핵심적인 요소다.

한 가지 예를 들어보자.

A사는 2015년 1,000억 매출을 기록했다. 그러다가 오랜 기간 연구·개발한 새로운 제품을 2016년 1월 출시했다. 다행히 시장의 호평을 받으며 높은 판매량을 기록했다. 2016년 A사는 무려 2,000억 매출을 달성했다. 이듬해인 2018년에도 매출은 1,900억 원이었다. 신제품 효과가 다소 사라진 것이다. A는 다음 도약을 위해 또 다른 신제품을 2019년 초 선보였으나 치명적인 결함으로 대규모 리콜 사태를 겪었다. 2019년 매출은 1,400억으로 주저앉았다.

Z사는 2015년 구독 모델을 도입했다. A사와 비슷한 규모였던 Z사의 그해 매출은 구독 모델로의 전환 때문에 매우 감소하여 700억을 기록했다. 2016년의 매출은 구독자 수가 늘면서 다소 늘었지만 1,000억 선을 넘지 못한 900억을 기록했다. 그러나 2017년 이후 매출은 꾸준히 증가했다. 2018년과 2019년 매출은 각각 1,200억과 1,400억이었다. Z사도 A사와 마찬가지로 제품 하자로 인한 곤욕을 치렀지만, 빠른 대처로 구독자 이탈을 최소화하면서 꾸준히 성장했다.

어떤 기업에 점수를 더 줄 것인가? 2015년~2019년 총매출은 A사가 Z사보다 높다. 그러나 Z사는 구독 모델로의 전환 이후 안정적인 매출 증가세를 보였다. A사는 신제품 출시 성과에 따라 매출 변동성을 보였지만, Z사는 연속적인 제품 업데이트로 변동성을 최소화했다.

선택은 어렵지 않다. 벤처캐피털 등 투자자들은 Z사를 더 높이 평가했다. 기업의 미래 성과는 투자자가 가장 걱정하는 요소이기 때문이다. 구독 모델은 시간이 지남에 따라 더 높은 영업이익률로 향해 간다. 고객 생애 가치(CLV)가 높아지면서 기업이 지출해야 할 마케팅 비용은 감소한다. 또한, 안정적인 현금흐름을 기반으로 더 낮은 이자율로 자금조달도 가능하다. 높은 수준의 데이터를 확보하는 것은 덤이다.

기업가치 평가의 방식

기업가치 평가 방법은 다양하다. PER, EV/EBITDA, PSR, PDR, PGMVR, PUPR, PHR 등 다양한 지표가 있다. "감가상각 전 영업이익(EBITDA)이 100억이니 기업가치는 이 수치의 12배인 1,200억일 것이다"라고 추정하는 식이다. 이런 방식은 한 기업을 다른 기업들과 비교하면서 가치를 매긴다. 불특정 다수가 주식 가격을 결정하는 상장사들은 이런 기업가치 측정에서 기준점 역할을 하기도 한다.

또 다른 방식은 현금흐름할인법(DCF)이다. 미래의 현금흐름을 적정한 할인율로 할인해 구한 현재가치로 기업가치를 측정하기 위해 사용한다. 앞으로의 연도를 나열한 뒤 연도마다 성과를 추정한다. 그 후 잉여현금흐름(Free Cash Flow)을 기회비용으로 할인한다. 이 방식은 M&A에서도 쓰인다.

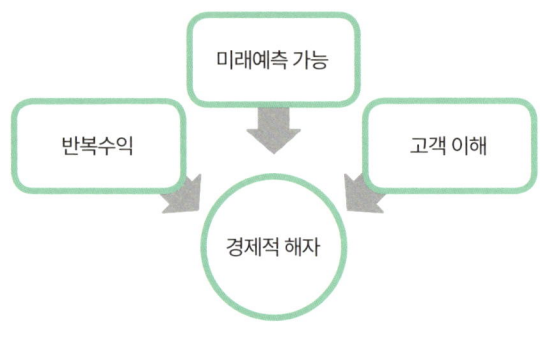

구독 모델과 경제적 해자

현재의 기업 성과를 다른 기업과 비교하는 방식은 미래 성장성을 반영하지 못한다는 치명적인 단점이 있다. 물론 기업의 가치를 지나치게 높게 평가할 우려도 있다. 현금흐름할인법도 마찬가지다. 올해 매출과 영업이익도 추정하기 어려운데 내년, 5년, 10년 후의 성과를 미리 계산한다는 것 자체가 무리다.

그런데 구독 모델은 이 같은 기업가치평가의 아킬레스건을 어느 정도 극복할 수 있다. 기업의 현금흐름이 안정화되고 데이터를 기반으로 미래의 변동성을 추정할 수 있기 때문이다. 더욱이 실시간으로 쌓이는 데이터는 기업에 위기 초입부터 경고를 보낸다. 고객 이탈 비율은 기업이 제공하는 제품과 서비스에 문제가 있다는 조기 경고이기 때문이다.

예전에는 규모의 경제를 이룬 거대 기업들만 현금흐름이 안정적이었다. 그러나 구독 모델은 빠른 성장과 안정적인 매출 확보를 동시에 가능하게 하는 특별한 공식으로 자리 잡고 있다.

반복적 수익이 만들어 나갈 세계

반복적 수익은 어느 기업이나 갈망하는 현금흐름이다. 생각해 보라. 모든 기업이 당면한 최대 과제는 불확실한 미래다. 삼성도 위기경영을 항상 강조한다. 올해 실적이 미래의 실적을 담보하지 않는다는 뼈저린 현실 인식의 결과다.

위험이란 무엇일까? 금융 산업에서의 위험은 변동성이다. 삼성전자 주식 가격은 벤처기업 주식보다 더 낮은 변동성을 보인다. 즉, 삼성전자 주식에 투자하는 게 덜 위험하다. 그렇다면 삼성전자 주가의 위험은 왜 더 낮을까? 안정적인 성과 때문이다. 전 세계에 제품을 판매하는 삼성전자의 매출은 견고하다. 유럽에서 매출이 감소해도 다른 지역에서 감소 폭을 메워준다. 삼성전자는 다양한 제품과 고객을 바탕으로 매출 포트폴리오를 구축하고 있다.

반복적 수익은 삼성전자처럼 다양한 제품군과 방대한 네트워크가 없더라도 변동성을 줄이는 것에 획기적으로 이바지한다. 작동 방식은 정반대다. 기업은 구독 모델의 세계에서는 더 좁은 카테고리의 제품과 서비스로 더 좁은 고객군에 집중한다. 대신 제품과 서비스는 끊임없이 개선되며 고객은 기업에 열정적인 피드백을 제공한다. 반복적 수익은 기업과 고객이 서로를 위해 노력한다는 근본적인 믿음을 전제로 한다.

10 구독경제에 국경은 없다

소프트웨어와 하드웨어

구독 모델은 크게 두 개, 소프트웨어와 하드웨어로 나뉜다. 넷플릭스와 월스트리트저널 등 디지털 콘텐츠와 서비스형 소프트웨어(SasS)는 랜선으로 유통된다. 반면 면도날과 사료, 꽃 등 실제 제품이 담긴 이른바 구독박스는 누군가가 실제로 물건을 전달해야 한다. 이 두 분류는 각각 글로벌과 로컬로 사업 범위가 나뉠 수 있다.

확장 속도의 차이는 명확하다. 넷플릭스를 생각해 보라. 미국에서 순식간에 시장 점유율을 높인 그들은 아주 빠르게 전 세계로 퍼져나 갔다. 정치적인 이유로 막은 경우를 제외하고 넷플릭스가 서비스되는 국가는 매우 많다. 넷플릭스를 이용할 수 없는 국가는 (2021년 2월 기준) 중국, 크림반도, 북한, 시리아뿐이다.

세계 최대 이커머스 기업인 아마존의 상황은 다르다. 가장 큰 시장인 미국에서 대성공을 거둔 아마존은 글로벌 기업으로 성장했지만, 모든 국가에 서비스하고 있진 않다. 물류 때문이다. 유형의 제품이 공장에서 고객에게 가려면 물리적인 이동이 필요하다. 비용은 거리에 비례해 빠르게 증가한다. 이는 사업의 지리적 경계를 만든다. 국가마다 미국 아마존 역할을 하는 기업이 있다. 우리나라의 경우 쿠팡이 그러하다.

그러나 긴 미래를 내다보면 아마존은 결국 더 많은 국가에 진출하게 될 것이다. 이미 캐나다, 멕시코, 일본, 중국, 인도, 프랑스, 이탈리아, 스페인, 독일 등으로 영토를 확장해나가고 있다. 절대 느리지 않은 속도다.

인수합병으로 연결될 구독경제 생태계

오프라인과 연계된 IT 서비스는 M&A(인수합병)가 매개체가 되어 눈덩이처럼 커졌다. 한 국가에서 성장한 오프라인 구독 비즈니스 기업은 다른 국가의 떠오르는 기업을 인수함으로써 규모의 경제를 이뤄 나간다. 이 전략은 매우 효과적이다. 각기 다른 국가의 규제와 문화에 사업을 전개하면서 겪을 시행착오를 제거하고 단번에 시장 점유율을 확보하게 될 테니까.

전례는 있다. 음식 주문배달 플랫폼(Food Ordering Platform)이다. 전 세계를 무대로 삼은 딜리버리히어로는 우리나라 최대 플랫폼 배달의민족을 보유한 우아한형제들을 인수했다. 음식 주문배달 플랫폼은 규제와 운영 이슈로 국가별 시장이 따로 형성된 산업이다. 딜리버리히어로는 우아한형제들 인수 전에도 M&A를 통해 여러 국가로 사업 범위를 확장했었다.

이 기업은 한국(요기요·배달통·푸드플라이)을 비롯해 파나마(Appetito24), 세르비아(Donesi), 시프리스(Foody), 크로아티아(Pauza), 그리스(efood), 카타르(Carriage), 오스트리아(Mjam), 헝가리(NetPincer), 터키(Yemeksepeti), 체코(Damejidlo), 핀란드·노르웨이·스웨덴 등 북유럽(Foodora), 일본·필리핀·홍콩 등 아시아(Foodpanda), 사우디아라비아·바레인·이집트 등을 포함한 중동(Hungrystation·talabat), 아르헨티나·칠레 등을 포함한 남미(PedidosYa)에서 수십 개 브랜드를 두고 배달 서비스를 제공하고 있다. 최근 10년 동안 매년 여러 차례 인수·합병하며 짧은 기간 내 가장 넓은 범위의 음식 배달 서비스를 제공하는 글로벌 기업으로 성장했다.

2020년 저스트잇(Just Eat)과 테이크어웨이(Takeaway.com)가 합병해 탄생한 저스트잇테이크어웨이(Just Eat Takeaway)는 딜리버리히어로와 가장 유사한 확장 전략을 추진하고 있다. 2018년 이스라엘 업체인 10비스(10bis)를 1억 2,500만 유로(1,670억)에 인수했다. 같은 해, 루마니아의 동종업체도 사들였다. 2019년엔 딜리버리히어로로부터 독일 내 음식 배달 사업을 9억 3,000만 유로(1조 2,400억)에 인수하기도 했다. 저스트잇테이크어웨이는 현재 그럽허브(Grubhub)를 인수한 뒤 합병하는 절차를 진행하고 있다. 거래 규모만 73억 달러(8조)에 달하는 초대형 M&A다. 이 글로벌 온라인 음식 배달 중개기업은 유럽과 북미를 기반으로 베트남과 남미로 사업을 확장하고 있다.

이 같은 음식 주문배달 플랫폼 산업의 변화는 앞으로 구독 산업의 미래 지형도가 어떻게 바뀔지 가늠하게 해주는 기본 자료다. 한 시장에서 고객의 마음을 사로잡는 법을 터득한 기업은 필연적으로 다른 국가로 진출해 빠르게 성장하고자 한다. 구독 모델에서 비롯되는 안정적 현금흐름은 기업이 해외에 진출하는 데 쓸 매우 강력한 무기다.

신사업의 위험을 낮춰라

해외 진출은 가장 난도가 높은 기업 전략 중 하나다. 아무리 큰 기업이라도 해외 사업에서 어려움을 겪는다. 여기에는 여러 이유가 있다. 완전히 새로운 규제, 경험해보지 못한 경쟁자들과의 경합, 임직원 채용과 관리에서 오는 어려움 등도 분명 중요한 이유다. 그러나 가장 까다로운 부분은 고객이다. 역사, 문화, 소득, 경제발달 수준, 언어, 감성 등 모든 것이 고객을 통해 드러난다. 그것도 고객 한 명 한 명마다 다 다르다.

고객을 빠르게 파악하고 그들에 맞춰 제품과 서비스를 손보는 일은 해외 사업 가능성을 타진하는 중요한 과정이다. 어쩌면 이것이 전부일지도 모른다. 구독 모델은 고객을 알아가면서 사업 가능성을 타진하기 좋은 전략이다. 구독 서비스 론칭 전 구독자를 모집하고 해당 구독자에게만 제품을 제공한다면, 재고 위험은 최소한으로 제한된다. 소규모 구독자만 확보해도 확실한 피드백을 받을 수 있으며 본격적인 사업 진출에 앞서 새로운 고객을 위한 전략을 수립할 수 있다.

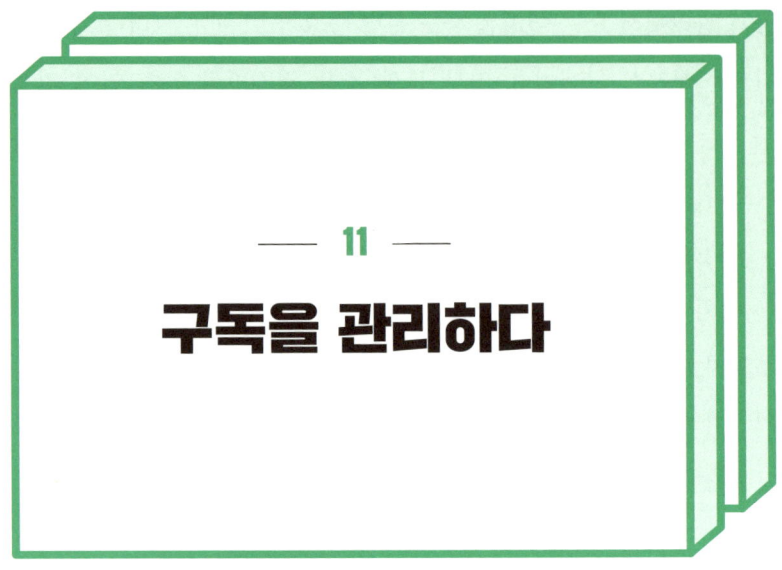

— 11 —
구독을 관리하다

넓어지는 스펙트럼, 관리가 필요하다

구독 모델은 점점 더 다양해지고 있다.

아침에 출근할 때 퍼블리를 읽고, 회사에 출근해 필리에서 배달 온 건강기능식품을 삼킨다. 집에 와보니 꾸까에서 온 향기 좋은 꽃이 문 앞에 놓여 있다. 그리고 잠들기 전에 넷플릭스를 켠다.

이 사람은 퍼블리, 필리, 꾸까, 넷플릭스 총 4개를 구독하고 있다. 구독료는 매월 계좌에서 빠져나간다. 보험료와 통신 요금 등도 매월 나갈 것이다. 구독 모델에 더 노출된다는 것은 정기 결제를 통해 빠져나가는 비용이 늘어난다는 뜻이다.

구독 모델은 잘 쓰면 유익이지만, 아니면 독이다. 바쁜 일상 때문에 해지했어야 할 구독 서비스를 오랫동안 내버려 두기도 한다. 구독 모델이 또 하나의 문제를 낳은 것이다! 그러나 걱정하지 말길. 문제가 생기면 그것을 해결하려는 누군가가 등장하는 법이다.

구독 관리 앱(Subscription Management App)은 반복 결제를 관리하는 도구다. 우리나라에는 왓섭(Whats sub)이란 앱이 있다. 월별 고정지출을 쉽게 관리할 수 있도록 정보를 제공한다. 정기 결제 전 미리 알려준다. 현재 구독 중인 서비스를 왓섭에 간편하게 등록할 수도 있다. 카드나 계좌, 간편결제 등으로 현재 구독 중인 서비스를 자동으로 등록하면 된다. 직접 입력해도 된다.

해외에도 여러 구독 관리 앱이 있다. 기능은 왓섭과 유사하다. 반복 결제를 인식하고 이를 쉽게 관리할 수 있도록 돕는다. 이 시장에서 독보적인 지위를 점한 플레이어는 아직 등장하지 않았다. 하지만 이런 서비스가 등장하는 이유는 단순하다. 구독 모델의 결점 때문이다. 뒤늦은 해지 탓에 아까운 비용을 내는 실수를 다들 해봤을 것이다. 구독 서비스를 많이 이용할수록 이런 실수는 잦을 것이고 이로 인한 비용은 늘어날 것이다.

구독 모델이 사회에 미치는 영향

정비에 나선 금융당국

활성화되는 구독경제 이용 과정에서 발생하는 소비자 피해를 줄이기 위해 규제 당국도 꽤 신경 쓰고 있다. 금융위원회는 2020년 12월 3일 구독경제 결제 관련 표준약관을 마련했다.

당시 금융위원회가 발표한 '구독경제 소비자 보호 방안'을 살펴보자. 우선 금융위원회는 구독경제를 어떻게 정의했을까? '소비자가 정기적으로 일정 금액을 내면 공급자가 특정 상품이나 서비스를 제공하는 것'이라고 간단히 정의했다.

금융위원회가 밝힌 내용 중 구독경제의 현황도 살펴볼 만하다. 넷플릭스와 멜론(디지털 콘텐츠), 쿠팡과 G마켓(정기배송), 리디북스와 밀리의서재(서적) 등을 구독경제 업종의 예로 들었다. 더불어 2020년 세계 구독경제 규모가 5,300억 달러에 이를 것으로 추산했다. 그렇다면 금융위원회가 문제로 지적한 부분은 무엇일까?

첫째, 유료 전환 시 안내가 미흡하다는 점이다. 구독 모델 다수는 무료 혹은 할인 이벤트를 진행했다. 고객을 유인하기 위함이다. 2020년 1월 한국소비자원이 분석한 결과, 무료 이용 기간 후 유료로 전환하는 구독경제 앱 26개 중 유료 전환 예정임을 알린 앱은 2개뿐이었다. 앱에 로그인도 하지 않았는데 문자 한 통 없이 5년 동안 결제 금액을 청구한 사례도 있었다.

둘째, 해지 절차가 복잡하다. 가입 절차는 쉬운데 해지 링크는 찾기 어렵다. 해지 요청을 전화 또는 이메일로만 접수하는 사례도 있었다. 환불 조치도 미흡했다. 이용내역이 한 번이라도 있으면 1개월 치 요금을 부과하고 환불도 불가하도록 운영하는 경우가 다수라는 게 금융위원회의 시각이다. 결제에 따른 환불 시 이용일이나 회차 등에 비례하는 금액을 제외하고 환급하는 것이 일반적인데 이 부분에서 소비자에게 일방적으로 불리하게 운영되고 있었다.

금융위원회는 이런 문제를 해소하고자 구독경제 결제 관련 표준약관을 만들었다. 무료에서 유료로 전환할 때 전환 시점을 기준으로 최소 7일 전에 서면, 음성 전화, 문자 등으로 관련 사항을 통지해야 한다. 할인 요금이 정상 요금으로 전환되는 경우도 포함된다.

또한, 구독 모델 운영 기업은 간편 해지가 가능하게 해야 한다. 정기 결제 해지 시 이용내역이 있더라도 사용내역 만큼만 비용을 부담하도록 해야 한다.

금융위의 가이드가 표준

금융위원회가 제기한 문제 때문에 구독 모델이 좋지 않은 영향을 받을까? 아니다. 그 반대다. 금융위원회가 지적한 사항은 당연히 개선해야 할 문제점이다. 기업이라면 응당 이러한 문제를 인식해야 한다. 아마도 다수 기업이 동시다발적으로 구독 모델을 들여오면서 문제가 발생한 것으로 보인다.

구독자가 부담해야 할 비용을 정확히 인지하도록 하는 기업 행위가 자칫 해지율을 높이지는 않겠냐고 걱정할 수도 있다. 그러나 구독 모델의 기반이 기업과 구독자 간 신뢰임을 기억하자. 투명한 가격 정책은 구독 모델의 강력한 무기다. 쉬운 해지 절차는 구독자에게 탁월한 이탈 경험을 제공해 다시금 돌아오게 한다. 이는 수많은 SaaS 기업이 증명했다. 해지에 골머리를 앓은 구독자는 절대 돌아오지 않는다. 복잡한 해지 절차를 사용하는 기업이면 아마 굉장히 저급 서비스를 높은 구독료로 제공하고 있을 가능성이 크다.

기업도 고객도 정부도 구독경제를 관리 대상으로 보고 있다. 관리 대상이 됐다는 것은 그만큼 존재감이 커졌다는 의미다. 기업은 더 좋은 서비스와 제품을 제공하기 위해, 구독자는 더 윤택한 생활을 위해, 정부는 더 바람직한 경제성장을 위해 구독경제를 바라보고 있다.

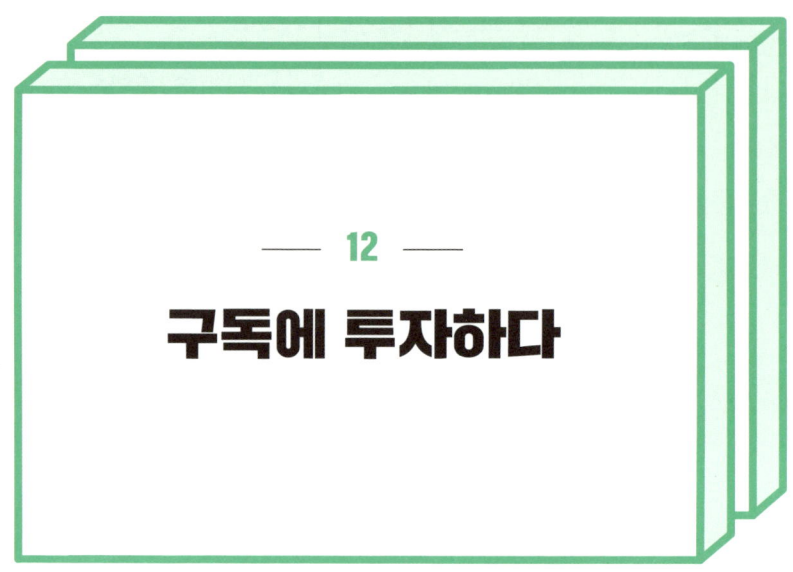

12 구독에 투자하다

구독경제 ETF

구독경제는 미래 산업을 정의하는 키워드로 등극했다. 글로벌 기업과 스타트업은 구독 모델을 통해 도약을 꿈꾸고 있다. 비즈니스 모델이 트렌드로 등장하는 경우는 흔하지 않은 일이다. 비즈니스 모델이란 제품이나 서비스를 어떻게 소비자에게 제공하고 마케팅하며 돈을 벌 것인가 하는 사업 아이디어다. 기업은 차별화된 아이디어를 사업으로 연결하기 위해 골몰하며 자기만의 장점을 비즈니스 모델에 녹이려고 분투한다.

그렇다면 이 트렌드는 투자 기회가 되지 않을까? 구독경제가 미래를 지배할 비즈니스 모델이라면 이 모델을 활용하는 기업은 분명 다른 투자군에 비해 더 높은 수익률을 기록하리라 추정할 수 있다. 어떤 기업은 크게 성장할 것이며 일부는 구독 모델 도입에 실패할지도 모른다.

파운트 인베스트먼트(Fount Investment)는 2021년 10월 27일 파운트 서브스크립션 이코노미 ETF(Fount Subscription Economy ETF)를 뉴욕증권거래소(NYSE)에 상장했다. 티커(ticker)는 SUBS다. ETF란 특정 산업 혹은 주제의 주식 종목을 하나의 펀드 안에 담은 펀드를 말한다. 투자자들은 ETF 투자를 통해 특정 산업과 주제에 더 쉽게 투자할 수 있다.

SUBS ETF를 자세히 들여다보자. 2022년 8월 29일 기준 이 ETF에는 49개의 종목이 담겨있다. 이들 기업은 주로 미국에 속해있다. 비중이 큰 주요 10개 기업은 아래와 같다.

- MICROSOFT ORD
- ALPHABET INC-CL A
- AMAZON COM ORD
- META PLATFORMS CL A ORD
- TENCENT HOLDINGS LTD

- T MOBILE US ORD
- ORACLE ORD
- SNOWFLAKE CL A ORD
- SALESFORCE ORD
- ADOBE ORD

앞서 살폈던 빅테크들, 마이크로소프트와 알파벳, 아마존이 이 ETF에서 큰 비중을 차지함을 알 수 있다. 오라클과 세일즈포스 등은 기업용 소프트웨어 서비스를 구독형으로 제공하는데, 이는 트렌드와 결을 완전히 같이한다.

이제 우리에게는 조금 낯선 다른 기업들의 구독 모델도 살펴보자.

페이스북이란 이름으로 친숙한 메타는 인스타그램을 운영하고 있다. 인스타그램은 2022년 구독 모델을 도입했다. 팔로워가 크리에이터의 콘텐츠를 즐기기 위해 구독료를 지급하는 방식이다. 크리에이터는 다양한 경험을 구독자에게 제공한다. 구독자에게만 독점적으로 제공되는 게시물과 라이브, 스토리, 채팅이다. 구독자는 크리에이터 프로필에 있는 '독점 탭'에서 차별화된 경험을 누릴 수 있다. 2022년 9월 기준 이 구독 모델은 인스타그램이 초대한 크리에이터만 이용할 수 있다. 그러나 머지않은 시기에 누구나 이 서비스를 사용할 수 있게 될 것이다.

중국에서 가장 거대한 기업 중 하나인 텐센트도 SUBS ETF에 포함되어 있다. 다양한 계열사를 거느린 텐센트는 여러 분야에서 구독 모델을 활용하고 있는데, 대표적인 두 부문이 음악 콘텐츠와 클라우드다. 텐센트뮤직엔터테인먼트(TENCENT MUSIC ENTMT GROUP)는 텐센트 산하 온라인 음악 엔터테인먼트 플랫폼이다. 중국의 스포티파이 혹은 멜론이라고 이해하면 된다. 텐센트 클라우드는 미국 외 시장에서 가장 빠르게 성장하고 있다. 넥슨, 넷마블, 크래프톤 등 국내 게임사들도 이들의 고객이다. 알다시피 클라우드 서비스는 매월 구독료를 수취하는 방식의 비즈니스 모델이다.

포트폴리오 비중 9위의 스노우플레이크는 클라우드 데이터 플랫폼을 제공한다. 워런 버핏이 이끄는 버크셔 해서웨이가 스노우플레이크에 투자하면서 유명해졌다. 데이터와 클라우드의 중요성이 갈수록 커지고 있는데, 스노우플레이트는 이 두 키워드를 모두 쥐고 있다.

SUBS ETF를 살펴보면 미국에서 주목받는 기업이 포트폴리오의 중심을 잡고 있음을 알 수 있다. 넷플릭스(콘텐츠), 인튜이트(기업 소프트웨어), 톰슨 로이터(정보 서비스), 액티비전 블리자드(게임), 시놉시스(반도체 설계), 오토데스크(엔지니어링 설계), 시그나(의료), 서비스나우(디지털 워크플로) 등도 이 ETF에 포함되어 있다. 구독 비즈니스 모델을 중심에 둔 기업들이 여러 산업에 포진해 있다.

구독경제 인덱스

인덱스 리서치 기업인 Indxx는 아예 구독경제 인덱스(Index)를 만들었다. 주식시장에서 인덱스란 특정 국가, 산업, 주제 등과 관련된 전반적인 주가 수준이 어떻게 변화하는지 보여주는 지표다. Indxx가 디자인한 구독경제 인덱스의 명칭은 INDXX SUBSCRIPTION ECONOMY INDEX다. 이 인덱스는 지난 2015년 12월 31일 1000을 기초로 측정되고 있다. 현재 이 인덱스는 2695(2021년 3월 19일 기준)를 기록하고 있다. 즉, 시작일 대비 인덱스에 담긴 기업들의 전반적인 주가가 2.69배 성장했다.

이 인덱스는 어떤 기업들로 구성되어 있을까? 상위 5종목은 다음과 같다.

- AT&T Inc.
- Comcast Corporation Class A
- Deutsche Telekom N Ord
- Intuit Inc.
- Servicenow Ord

AT&T는 전 세계로 통신, 미디어, 기술 서비스를 제공하는 지주회사다. 특히 이 기업의 워너미디어 사업 부문은 영화, TV, 게임 등 콘텐츠를 개발하고 제작해 배포한다. 터너(Turner), 홈박스오피스(Home Box Office), 워너브라더스(Warner Bros)가 이 사업 부문에 속해있다. AT&T는 구독 모델을 적극적으로 사업에 도입하고 있다.

컴캐스트(Comcast Corporation)는 미국 최대 케이블 TV 업체다. 이 회사는 2013년 NBC유니버설을 인수했다. NBC유니버설은 미국의 3대 방송인 NBC와 경제방송 CNBC를 보유한 곳으로 유명하다. 컴캐스트는 피콕(Peacock)이라는 OTT도 운영하고 있다. 피콕은 넷플릭스처럼 구독 모델로 서비스를 제공한다. 차터커뮤니케이션(Charter Communications Inc.) 역시 미국의 케이블 사업자이자 광대역 통신서비스 회사다. 이 회사도 구독 기반으로 다양한 콘텐츠를 제공한다.

미국 기업 인튜이트(Intuit Inc.)는 납세 보고 지원 소프트웨어와 소상공인 재무관리 소프트웨어, 개인 자산관리 앱 등을 운영한다.

구독경제 인덱스의 등장은 기관 투자자나 일반 투자자들이 구독 기반 사업을 펼치는 기업에 높은 관심을 보인다는 사실을 대변한다. 이런 지표가 필요한 투자자가 그만큼 늘었다는 뜻이다. 국내에는 아직 구독경제 관련 ETF나 인덱스가 없지만, 머지않아 구독경제 금융상품과 데이터가 나올 것이다.

── 13 ──
한국 대표선수 입장

네이버와 카카오

2022년 6월 7일 네이버는 '플러스 멤버십' 누적 이용자가 800만 명을 넘었다고 밝혔다. 2022년 말 1,000만 명 돌파를 예견할 수 있는 수준이다.

'플러스 멤버십'은 네이버의 유료 구독 회원 서비스다. 월 구독료는 4,900원이다. 혜택이 매우 좋다. 네이버 쇼핑 이용 시 최대 5%까지 적립된다. 98,000원 이상 구매하면 구독료를 회수할 수 있다. 이외에도 구독자에게 디지털 콘텐츠, 저장공간, 각종 F&B 프랜차이즈 할인, 편의점 할인 등을 제공한다. 다양하고 광범위한 혜택을 제공함으로써 유료 구독 회원 수를 단기간에 끌어올렸다. 아마존의 전략과 유사하다. 아마존은 프라임 멤버십 고객에게 쇼핑 할인 혜택뿐 아니라 음악, 게임, 도서 등의 콘텐츠도 제공했다. 무제한의 사진 저장과 5G의 동영상 저장공간도 사용할 수 있다.

커머스 구독 시장에 안착한 네이버와는 달리 카카오는 실패했다고 평가받는다. 2021년 6월 구독 플랫폼 구독ON을 선보였으나 네이버의 방식과는 크게 달랐다. 네이버는 일정 금액을 내면 일정 기간 그에 맞는 혜택을 제공하는 멤버십 구독 모델이었지만, 카카오는 소비자가 주기적으로 주문하는 상품을 취급하는 업체를 모으는 정기 구독 모델이었다.

카카오는 구독ON을 시작하며 다양한 업체를 입점시키려 했다. 업체들을 별도로 모아 사용자에게 노출했다. 그러나 성과는 없었다. 넓은 선택폭에 익숙해진 소비자들은 매우 제한적인 구독ON 라인업에 박한 점수를 주었다.

네이버는 커머스 외의 분야에도 구독 모델을 적용했다. 텍스트 콘텐츠인 '네이버 프리미엄 콘텐츠'다. 2021년 시작한 이 서비스는 8월 말 기준 채널 수가 532개에 달한다. 카테고리는 경제, 재테크, 부동산, 책, 취미, 문화, 트렌드, 스포츠, 이슈, IT, 과학, 교양 등 다양하다. 특히 경제, 재테크, 부동산 등 돈과 관련된 채널이 두각을 나타내고 있다. 2021년 11월 18일에는 파트너 채널도 신설했다. 이들은 네이버 서비스 제휴를 통해 제공되는 콘텐츠를 제작한다. 구독료는 없다. 이렇게 네이버는 두 개의 텍스트 콘텐츠 구독 라인업을 갖췄다.

네이버의 성과는 절반의 성공으로 평가된다. 텍스트 중심의 콘텐츠 제공자의 수익 창구를 만들었다는 점에서는 긍정적인 평가를 받았다. 개인과 기업 큰 수고 없이 구독자와의 접점을 만들 수 있기 때문이다. 그러나 전체적인 매출 규모는 아직 크지 않다. 수백 개 채널 중 유의미한 매출을 내는 곳은 극소수다. 서비스가 출범한 지 1년 남짓밖에 안 됐기에 이 프로젝트의 성공 여부는 몇 년 더 지난 후에 제대로 평가할 수 있을 것으로 보인다.

SK텔레콤과 LG유플러스

통신사는 구독 모델의 강자다. 매월 수많은 사람으로부터 통신비를 받고 있다. 특히 한국은 SK텔레콤과 LG유플러스, KT 3개 회사가 통신 사업을 장악하고 있다. 이들은 구독 모델로 새로운 영역으로의 확장을 도모하고 있다.

먼저, SK텔레콤을 살펴보자. 운영하는 구독 모델의 명칭은 '우주패스'다. 여러 플랜이 있으며 가격대도 월 최저 2,900원에서 최대 9,900원이다. 대표적인 플랜인 우주패스 all의 구독자는 11번가 5,000원 쿠폰과 아마존 1만 원 할인 쿠폰을 받을 수 있다. 일부 무료 배송과 포인트 적립 등의 혜택도 있다. SK텔레콤의 계열사인 11번가는 아마존과 협업하고 있다. SK텔레콤은 스낵24마켓, 스윗밸런스, 홈플러스, 하나투어, 배스킨라빈스, 파리바게뜨, 동아제약, 배달의민족, 클래스101, 청소연구소, 꾸까, 톤28 등 다양한 기업과 제휴해 구독자에게 구독과 관련된 경험을 제공한다.

SK텔레콤은 2022년 8월 31일, 이 구독 서비스에 대한 성과를 공유했다. 1년 동안 T우주의 구독 패키지 상품 '우주패스'의 월간 실이용자는 130만 명을 넘었다. 이는 구독비에 비해 탁월한 즉각적인 보상의 영향으로 풀이된다. 구독자들은 한 달만 구독해도 실익을 얻을 수 있다고 판단한 셈이다. 구독자의 절반 이상은 30대(25%)와 40대(26%)였다. 해외직구와 할인 혜택 활용에 익숙한 연령층이다.

LG유플러스는 SK텔레콤과는 다른 방법을 택했다. 다양한 구독 상품을 좀 더 쉽게 그리고 할인된 가격으로 선택할 수 있도록 구조를 짰다. 여러 구독 상품을 한 바구니에 담을수록 더 높은 할인율이 적용된다. 구독 모델 분야의 플랫폼을 지향하는 것이다. 이 서비스의 명칭은 '유독'이다.

구독 플랫폼 유독은 2022년 7월에 시작됐다. 8월 기준 제휴사는 약 28개다. 초기인 점을 고려하면 그리 적은 건 아니다. 넷플릭스와 유튜브 프리미엄, 디즈니 플러스, 요기요, 쏘카, GS25, CJ더마켓, 올리브영, 월라 등 굵직한 구독 서비스 제공자들이 자리 잡고 있어 플랫폼으로서의 기본 역할은 충분하다고 평가받고 있다. 관건은 얼마나 더 다양한 기업을 플랫폼으로 끌어들일 것이며 동시에 사용자 기반을 얼마나 빠르게 성장시킬 수 있느냐다. 아직 국내에 영향력이 큰 구독 플랫폼이 등장하지 않았다는 점에서 LG유플러스의 도전은 유의미하다고 시장은 평가하고 있다.

네이버와 카카오는 구독 모델을 통해 커머스 분야에서의 영향력 확대를 꾀했다. SK텔레콤과 LG유플러스는 다른 구독 서비스를 기존 사용자에게 좀 더 원활하게 배포하는 역할을 자처했다. 이들의 도전은 2021년과 2022년에 시작됐으며 아직 경쟁 초기 단계다. 카카오도 구독 모델을 재점검해 새로운 아이템으로 돌아올 것이며 다른 플레이어들 역시 서비스 과정에서의 피드백을 구독 모델에 적극적으로 반영할 것이다.

2장

리필 구독

기회를 찾아야 기회를 만든다.

_ 패티 헨슨

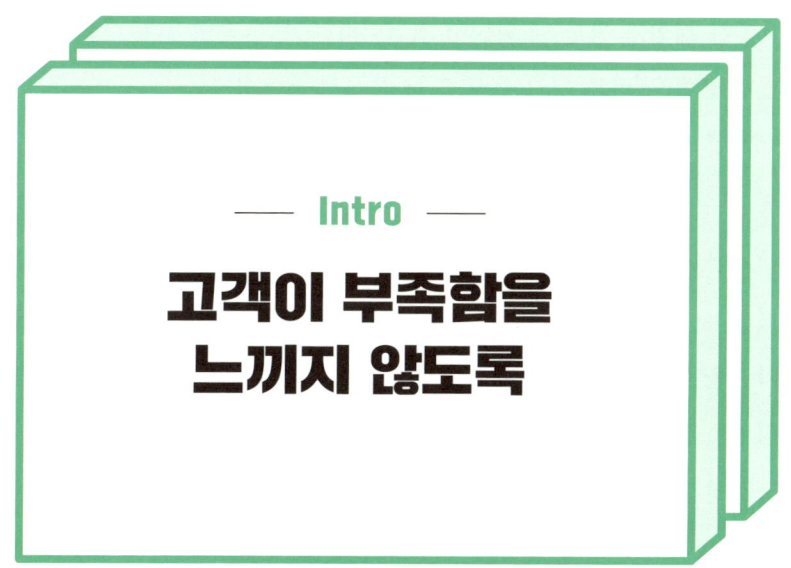

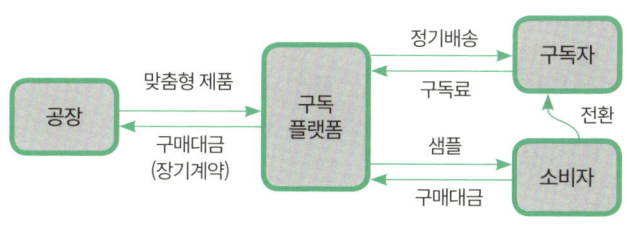

리필 구독 모델

물 들어올 때 노 저어라. 철이 달궈졌을 때 내리쳐라(Strike while the iron is hot).

좋은 기회가 왔을 때 확실히 거머쥐라는 뜻의 속담이다. 다른 의미로도 쓰인다. 한몫 챙길 수 있을 때 확실히 행동하라고.

기업 활동에서 이 속담이 의미하는 바는 크다. 기업은 수많은 위험을 감수한다. 특히 불확실한 미래는 절대 망할 것 같지 않은 글로벌 대기업도 두려워하는 대상이다. 이 때문에 기업은 유리한 위치를 점했을 때 최대한 많은 수익을 내려고 한다. 자사 제품이 인기 많을 때 마진율을 높이기 위해 성능을 등한시하고 마케팅에 대규모 자금을 집행한다.

경영진은 그와는 반대로 가야 한다는 걸 머리로는 이해하지만, 현재의 성과가 주는 달콤함을 뿌리치기 힘들다. 누구도 미래의 성공을 담보해 주지 않기 때문이다. 이런 아이러니한 기업의 생리는 후발주자들에게 역전의 기회를 내준다.

구독 모델은 이와 같은 기업의 고뇌를 해결한다. 이 모델은 고객만을 생각한다는 모든 창업자의 초심을 유지하게 한다. 구독 모델로 현재의 고객과 미래의 고객을 예측할 수 있다. 물은 항상 차 있고 쇠는 항상 뜨거운 상태로 남아 있는 것이다! 물이 언제 빠질지, 쇠가 언제 식을지 두려움에 떠는 대신 모니터에 뜬 대시보드를 보며 미래에 대응한다. 고객에게 품질 좋고 싼 가격의 제품을 어떻게 공급할 수 있는지만 고민하면 된다.

저렴한 가격은 구독 서비스를 이용하는 가장 큰 이유다. 구독 서비스 제공 기업은 구독자가 늘수록 이 목적에 충실해질 수 있다. '한 놈만 팬다'라는 정신으로 무장한 이들 기업은 사람들이 끊임없이 사용하는 아이템 중 하나를 골라 공략해나가고 있다. 이 장에서는 충전(Refill) 제품과 관련된 구독 서비스를 제공하는 기업들의 사례를 살펴볼 것이다.

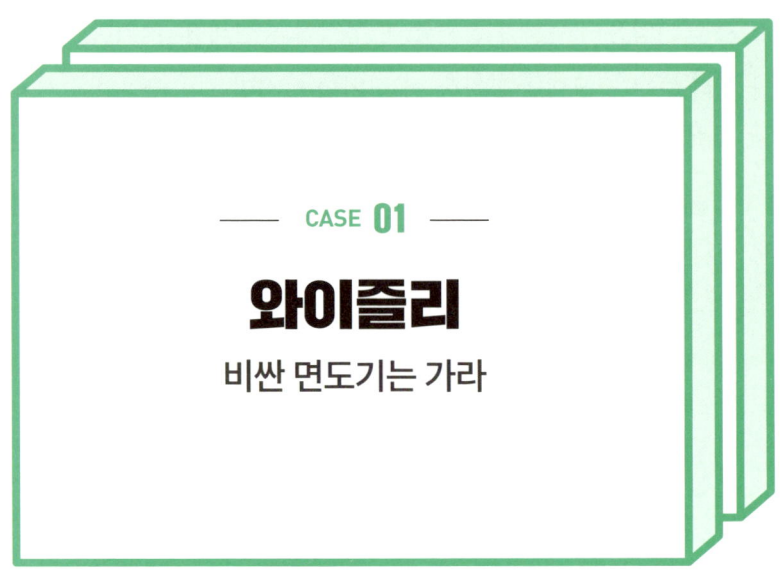

필수품인데 비싸다?

보편적으로 사용되는 제품의 가격은 낮아지기 마련이다. 시장의 수요가 탄탄하면 여러 경쟁자가 등장하기 때문이다. 그런데도 '그렇지 않은 시장'이 있다. 오랜 기간 시장 장악력을 거머쥔 기업이 있기 때문이다. 이들은 기술력과 유통력을 바탕으로 경쟁자의 진입을 막는다. 공고한 입지는 좀처럼 무너지지 않는다. 그리고 경쟁에서 이긴 기업은 높은 이익을 거둔다.

면도기 분야가 대표적인 예다. 이 시장은 글로벌 기업이 장악하고 있다. 왕복식(원통형) 전기면도기 시장은 브라운과 파나소닉이 명성을 떨치고 있다. 회전식(디스크형) 전기면도기의 대장은 필립스다. 모두 압도적인 시장 지위를 점하고 있다.

우리가 흔히 보는 칼날이 부착된 아날로그 습식 면도기도 마찬가지다. 면도 크림을 바르고 날카로운 날로 수염을 깎는 방식. 이 시장의 절대 강자는 질레트다.

질레트의 역사는 무려 1901년으로 거슬러 올라간다.

창립자 킹 C. 질레트는 안전면도기 시장을 개척했다. 그가 면도기의 최초발명자는 아니었다. 하지만 가장 먼저 대량 생산했다. 이를 통해 어마어마한 상업적 성공을 거두었다. 판매 첫해는 고작 50여 개만 팔렸지만, 다음 해엔 9만 개가 팔렸다. 계산하기도 어려운 판매 성장이다. 판매량은 수십만 개에서 수백만 개로 급증했다. 질레트는 1차 세계대전 때 미군에게 면도기를 납품하며 수익과 인지도를 거머쥐었다.

세계 면도기 시장 점유율 1위인 질레트는 선진국 시장에서 특히 두각을 나타냈다. 과감한 연구개발 투자를 통해 우수한 절삭력과 면도감, 밀착감을 제공했기에 그랬다.

소비자의 유일한 불만은 가격이었다. 시장을 지배한 질레트는 쉽게 넘볼 수 없는 품질까지 보유했기에 고가 전략을 써도 먹혔다. 사람들은 제품을 계속 찾았고 질레트는 공격적인 마케팅을 하면서 기업가치를 공고히 유지했다.

남성용 면도기 시장의 규모는 압도적이다. P&S 인텔리전스(P&S Intelligence)가 2020년 3월 발간한 '면도기 시장 분석 보고서'에 따르면 전 세계 면도기 시장 매출 규모는 180억 달러(21조 4,400억)다. 2030년에 225억 달러(26조 8,000억) 규모로 커질 것으로 전망한다. 매년 2.1%씩 꾸준히 성장한다는 이야기다. 인류에게 수염이 없어지지 않는 한, 시장이 줄어드는 일은 없을 것이다.

생산자와 소비자의 거리를 좁혀라

비싼 면도기가 부담스러운 것이 비단 우리나라 소비자만은 아니었다. 최대 시장인 미국도 그랬다.

소비자의 불만은 새로운 비즈니스 모델을 고안한 스타트업을 출현하게 했다. 2011년 미국 달러셰이브클럽(Dollar Shave Club)이 면도기 구독 서비스를 시작했다. 질레트보다 훨씬 저렴한 면도날을 정기적으로 배송했다. 제품을 사기 위해 쇼핑몰로 가야 하는 게 일상이었던 미국 소비자에게 정기배송은 획기적이었다. 달러셰이브클럽은 단시간에 온라인 면도기 시장 1위로 등극했다. 이에 위협을 느낀 질레트는 2017년 면도기 가격을 20% 인하했다. 창사 115년 만의 첫 가격 인하였다.

우리나라에도 달러셰이브클럽을 벤치마킹한 스타트업이 나왔다. 몇 개의 스타트업이 뛰어들었으며 이중 두각을 나타낸 곳은 와이즐리(Wisely)였다.

2018년 1월, 와이즐리는 우리나라에서 면도기 구독 서비스를 오픈했다. 김동욱 대표는 서비스를 론칭한 뒤 한 언론사와의 인터뷰에서 "글로벌 기업의 면도기 판매 가격 중 20%~30%가 유통비"라며 "중간 유통을 줄이면 소비자에게 싼값으로 면도기를 제공할 수 있겠다고 판단했다"라고 말했다.

본격적인 서비스에 앞서 김 대표는 2016년 5월 스퀘어셰이브라는 브랜드를 만든 뒤 1년 동안 연구개발과 제조 파트너 물색에 나섰다. 이때 소비자 피드백을 수집했다. 스퀘어셰이브는 와이즐리를 위한 베타버전이었다.

김 대표는 소비재 산업의 베테랑이었다. 한국피앤지(P&G)에서 마케팅을, 베인앤컴퍼니에서 소비재 유통 분야 컨설팅을 맡았다. 피앤지는 2005년 질레트에 피인수된 회사다. 김 대표는 비싼 면도기 가격에 대한 문제점을 인식했고 베인앤컴퍼니에서 사업 감각을 키웠다. 창업을 결심한 그는 피앤지 재직 시절 동료인 전영표 이사와 구글코리아에서 마케팅과 영업을 맡았던 김윤호 이사를 끌어들였다.

소비자와 밀착하라

와이즐리는 면도의 본질인 절삭력에 초점을 맞췄다. 기존 글로벌 기업의 제품과 비슷한 품질을 유지하면서 가격을 큰 폭으로 낮추는 게 목표였다. 이를 위해선 탁월한 제조 파트너가 필요했다.

와이즐리 팀은 독일 졸링겐으로 갔다. 독일 노르트라인베스트팔렌주에 속한 도시 졸링겐은 칼과 가위 등을 생산하는 곳으로 유명하다. '칼의 도시'라고 불리는 게 이 때문이다. 이곳엔 칼 박물관도 있다. 수세기에 걸쳐 이곳에서 제작된 칼과 수저 등의 날붙이가 전시되어 있다. 일상 용품을 전시할 정도니 이 지역 기업이 칼에 대한 품질에 얼마나 심혈을 기울이는지 알 수 있다. 와이즐리는 동남아시아 공장에서 싼 가격에 면도날을 공급받을 수도 있었지만, 이는 고려 대상이 아니었다. 품질에서는 한 발도 타협하지 않은 것이다.

마침내 와이즐리는 100년 동안 면도날만 만든 OEM 기업을 제조 파트너로 섭외했다. 이 기업은 미국 월마트와 테스코 등 글로벌 유통사의 브랜드 제품(Private Brand)을 만드는 곳이었다. 그만큼 품질에선 세계 정상급이었다. 신생 스타트업이 오랜 역사의 기업과 단번에 계약을 체결했을 리 만무하다. 이 기업을 찾은 지 2년이나 걸려 협상을 마무리 지을 수 있었다.

제조 파트너 확보라는 1단계 임무를 완수한 와이즐리는 2단계인

'마케팅'에 돌입했다. 높은 품질과 저렴한 가격이 핵심이었기 때문에 유통 단계에서 비용을 획기적으로 낮춰야 했다. 고정비가 많이 드는 오프라인 유통은 불가, 결국 온라인뿐이었다. 와이즐리는 시장 개척을 위해 '고객 밀착 전략'을 택했다.

온라인에도 유통비용이 든다. 이미 자리 잡은 쿠팡과 네이버 등과 같은 유통 플랫폼을 통해 제품을 판매하면 수수료를 내야 한다. 적게는 10%, 많게는 40%이다. 와이즐리는 어려운 길로 향했다. 자체 사이트에서 판매하기로 한 것이다. 대신 고객과의 적극적인 접촉을 통해 좁은 유통경로의 한계를 극복하려 했다.

와이즐리는 페이스북 등 SNS 피드에 달린 댓글에 모두 대댓글을 달았다. 걸려 오는 전화 모두 응대했다. 응대 방식도 자동화가 아닌 사람이 직접 했다. 고객은 와이즐리와 가까운 사이가 된 것 같은 느낌을 받았다. 이것은 와이즐리의 목표이기도 했다.

와이즐리는 고객의 소리를 더 가깝게 듣기 위해 기업이 할 수 있는 가장 적극적인 방법을 썼다. 고객을 직접 '방문'하는 것이었다. 사업 초기에 100명의 고객 집으로 찾아가 고객이 누구인지, 생활 방식은 어떤지, 면도할 때 겪는 불편은 무엇인지 파악한 후 품질 개선에 적극적으로 반영했다.

일례로 좁은 화장실에서 녹슬지 않게 면도기를 세면대에 걸쳐두는 걸 목격한 와이즐리는 제품의 등면을 평평하게 했다. 좀 더 편하게 면도기를 보관할 수 있도록 개선한 것이었다. 또한, 정기구독하지 않더라도 제품을 구할 수 있도록 하는 판매 카테고리도 만들었다. 정기배송에 익숙하지 않은 고객이 단품 구매를 의뢰하거나 구독 신청 후 바로 취소하는 사례가 발생했던 것이다. 고객 편의를 위해 판매 방식에도 변화를 주었다.

면도기 구독 서비스 강자로 등극하다

오픈서베이가 2020년 3월에 낸 '남성 그루밍 트렌드 리포트 2020'에 따르면 와이즐리는 면도 구독 서비스 부문 1위다. 질레트는 여전히 시장의 강자다. 질레트의 날 면도기 시장 점유율은 74.7%다.

그런데도 와이즐리의 성장은 두드러졌다. 특히 20대 남성 소비자의 이용률은 10.3%였다. 30대와 40대 중 3.9%와 3.7%가 와이즐리를 사용하는 것과는 대조적이다. 와이즐리는 질레트, 고루코, 쉬크에 이어 전체 4위라는 성과를 내기도 했다. 5위가 노브랜드이니 결코 흘려볼 게 아니다. 1위부터 3위 기업이 수십 년간 사업을 영위한 반면, 와이즐리는 고작 3년 만에 의미 있는 영향력을 갖추게 됐다.

앞서 언급했듯이 소비자는 면도 및 수염 관리에 '비싼 비용'이 드는 걸 가장 불편해했다. 20대부터 40대 남성 10명 중 6명은 하루에 적어도 한 번 이상 면도한다. 면도용품은 일상 소품으로 자리 잡았지만,

가격은 여전히 부담스럽다. 이 때문에 남성 소비자는 날이 여러 개 든 대용량 패키지를 주로 구매했다. 그리고 면도기의 주 구매자가 어머니, 아내가 아닌 남성으로 변하고 있다. 사용하는 당사자인 남성들이 직접 품질, 가격을 따져보기 시작한 것이다.

와이즐리는 피부와 수염이 다르다는 것에 시선을 두었다. 개인화는 구독 모델을 추구하는 기업이 절대 놓쳐서는 안 되는 지점이다. 와이즐리는 간단한 질문을 던졌다. 얼마나 자주 면도하는지, 피부 유형은 어떤지, 면도할 때 느끼는 불편은 무엇인지, 마음에 드는 핸들 색상은 어떤 것인지? 고객은 답했다. 와이즐리는 설문 결과에 따라 고객에게 적합한 구독 패키지를 제안했다. 고객이 원치 않는 구성, 이를테면 쉐이빙젤과 애프터쉐이브 등을 뺄 수 있는 고객 친화적 사용자 경험(UX)도 구현했다.

온라인 1위를 넘어서

구독 서비스의 강력함을 경험한 질레트도 구독제를 시작했다. 가입할 때 퀴즈를 풀게 되는데, 구매자에게 맞는 제품을 패키지를 구성할 수 있도록 하기 위한 것이었다. 시장을 지배하던 거대 기업도 가만히 당하고만 있진 않았다.

와이즐리의 경쟁사도 시장에 진입했다. 레이저소사이어티와 이노

셰이브 같은 기업이 와이즐리와 유사한 전략을 들고 나섰다. 면도기 구독 부문에서 와이즐리가 앞서고는 있지만, 전체 시장을 기준으로 보면 가야 할 길이 멀다. 다만 고객과의 밀착이 곧 열성 팬을 만듦을 아는 와이즐리가 당분간 두각을 나타낼 것으로 보인다. 우리나라에 고품질 면도기를 직접 제조하는 기업과 면도기 전문 유통기업이 없다는 점은 와이즐리를 비롯한 신생 기업에는 긍정적인 요소다.

와이즐리는 2018년, 쿠팡, 당근마켓, 하이퍼커넥트, 크몽, 크래프톤, 비바리퍼블리카 등 우리나라 대표 스타트업을 발굴한 유명 벤처캐피탈인 알토스벤처스로부터 시리즈 A 투자를 유치했다.

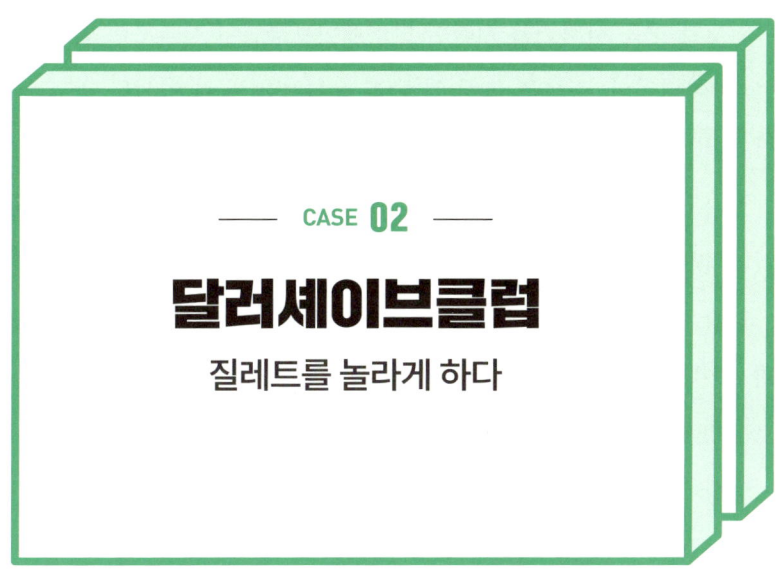

CASE 02
달러셰이브클럽
질레트를 놀라게 하다

사소하지만 무시할 수 없는 불편

스타트업의 드라마 같은 이야기가 있다. 마이클 더빈(Michael Dubin)은 마크 리바인(Mark Levine)을 만난 자리에서 면도기 구매에 대해 불편함을 이야기했다. 가격도 비싸고 자주 사야 한다는 것이었다. 둘은 이 불편함에 공감했다. 두 사람은 달러셰이브클럽(Dollar Shave Club)의 공동 창업자가 됐다. 그 후 이 작은 스타트업은 질레트를 위협할 정도로 성장했다.

면도날 구독 서비스를 시작한 달러셰이브클럽이 시작부터 빛을 봤던 건 아니었다. 명성을 크게 얻은 건 유튜브에 올린 엉성한 광고 영상에서 비롯됐다. 1분 33초가량의 영상을 제작하는 데 500만 원 정도 들었다고 한다. 이 영상은 단순히 우습다고 좋은 반응을 얻은 게 아니었다. 많은 사람이 영상을 보며 공감했기에 뜬 것이었다.

영상은 2012년 3월 6일 유튜브에 업로드됐다. 2021년 2월 기준 조회 수가 2,794만 회, 댓글은 9,200개 이상이 달렸다. 영상의 제목은 'Our Blades Are F***ing Great'이다.

영상에서 마이클 더빈은 달러셰이브클럽의 제품을 직접 소개한다. 싼 면도날 가격 이야기로 서문을 연 그는 기존 면도기 제품가에 얼마나 많은 거품이 끼었는지 말한다. 면도기에 진동 손잡이와 조명등, 10중 면도날이 진짜 필요한지 의문을 던졌다. 그리고선 "쓸데없는 면도기 기능에 돈을 쓰지 마세요, 매달 면도날 사는 걸 까먹지 마세요."라고 이야기한다. "달러셰이브클럽 제품을 쓰면서 아낀 돈을 어디에 쓸지 결정하라"라고 조언하기도 했다. 영상 마지막에는 '이제 바꿀 때 아닌가요?'라는 도발적인 자막도 넣었다.

달러셰이브클럽은 면도기 시장의 문제를 제대로 짚었다. 사람들은 적절한 기능의 저렴한 면도기를 원하고 있었으며 적시에 알아서 면도날을 집으로 보내준다면 얼마나 좋을까 생각했던 것이다.

벤처캐피털의 지원사격

달러셰이브클럽은 그야말로 로켓처럼 성장했다. 그 뒤엔 벤처캐피털이 있었다. 수중의 돈을 다 투자한 두 창업자는 초기에 스타트업 인큐베이터인 사이언스(Science Inc.)의 도움을 받았다. 미국 LA에 기반을 둔 이 인큐베이터는 설립된 2011년에 초기 투자처로 달러셰이브클럽을 낙점했다.

이후 1년 만에 달러셰이브클럽은 안드레센 호로위츠 등 유명 투자사로부터 100만 달러의 투자를 유치했다. 같은 해 벤록(Venrock)이 합류한 투자자 그룹은 980만 달러 규모의 시리즈 A 투자를 단행했다. 다음 해인 2013년에도 투자는 이어졌다. 규모는 훨씬 커졌다. 시리즈 B 라운드의 규모는 1,200만 달러에 달했다. 이 투자에도 유수의 투자기관이 합류했다. 2015년 이뤄진 시리즈 D 라운드의 규모는 무려 7,500만 달러(약 840억)였다.

2016년 7월 19일, 글로벌 기업 유니레버는 10억 달러로 달러셰이브클럽을 인수했다. 유니레버는 도브, 럭스, 바셀린, 립톤 등 이름만 대면 알만한 수많은 생활용품 브랜드를 보유한 대기업이다.

남성들이여, 모여라

미국, 호주, 캐나다, 영국에서 사업을 영위하는 달러셰이브클럽은 면도기부터 스킨케어, 목욕용품, 데오드란트, 치약, 헤어젤, 포마드, 향수까지 다양한 남성용품을 포트폴리오로 두고 있다. 이른바 남성 그루밍을 하나의 시장으로 정의하고 이 분야에서 포지션을 만들어 나가고 있다.

달러셰이브클럽은 개인 맞춤형 구독 서비스를 위해 설문을 진행했다. 첫 번째 질문이 '면도 부위가 어디인가'였다. 머리, 얼굴, 겨드랑이, 다리, 목, 은밀한 부분(이 회사가 이렇게 표현했다!) 등을 선택할 수 있다. 그다음 질문은 '얼마나 자주 면도하는가'였다. 그다음엔 불편함에 관해서 묻는다. 고객은 내성 모발, 피부 발적, 면도날 화상, 건조, 찰과상 등 여러 증상 중 해당 사항을 표시한다. 다음 질문은 피부와 관련된 것이었다. 건조하거나 기름진 피부, 민감한 피부, 갈라진 입술, 여드름 등에 대한 고객의 고민도 들었다. 심지어 머릿결도 확인했다. 직모인지 곱슬머리인지 아니면 대머리인지. 바디워시와 비누, 데오드란트를 사용하는지도 확인했다.

이 상세한 설문에는 이유가 있었다. 설문 결과를 자동으로 분석한 뒤 고객에게 필요할 것으로 추정되는 제품을 소개한 것이다. 이 알고리즘은 대개 두서너 개의 제품을 추천한다. 이 패키지 상품을 구독하면 상당히 할인해준다. 추천받은 대로 구독할 필요는 없다. 구독하고 싶은 제품만 선택할 수 있다. 배송 간격도 2개월, 3개월, 4개월 중에서

정하면 된다.

　달러셰이브클럽은 남성 고객을 위한 내용으로 가득 차 있는 오리지널 콘텐츠도 만들고 있다. 이중 턱은 어떻게 면도하면 좋을지, 면도가 문신에는 어떤 영향을 미치는지, 수염에 음식이 묻지 않으려면 어떻게 해야 하는지, 매우 진지하게 접근한다. 이 콘텐츠는 구독자뿐만 아니라 잠재 고객과 친밀하게 소통하는 주요 통로다.

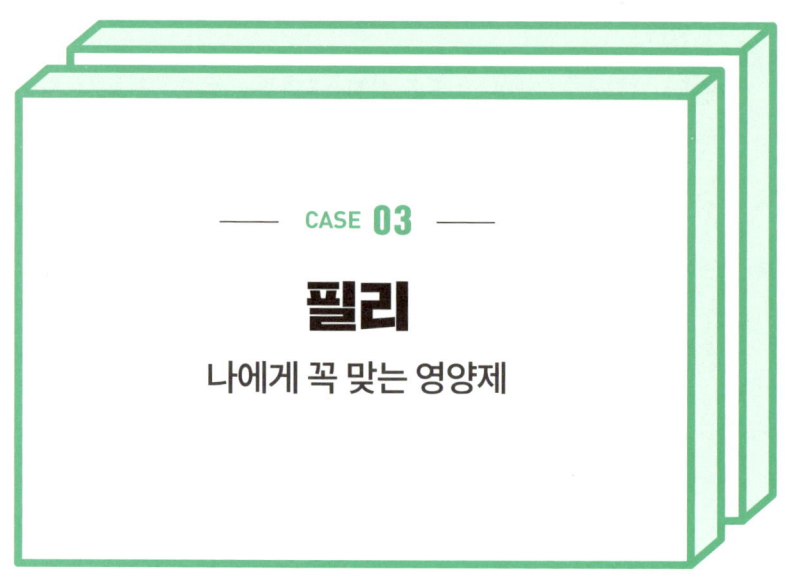

CASE 03

필리
나에게 꼭 맞는 영양제

알긴 알지만, 제대로는 모른다

영양제 안 먹는 사람이 드문 시대다. 엄청나게 많은 건강보조식품이 있다. 정제어유, 로열젤리, 효모, 화분, 효소, 유산균, 포도씨유, 알로에, 매실, 자라, 키토산 등 영양제의 원료는 매우 다양하다.

건강보조식품은 질병 예방이나 건강증진 등 건강 보조 목적으로 영양소 외 특정 성분을 원료로 하거나 식품 원료에 들어있는 특정 성분을 추출, 농축, 정제, 혼합 등의 방법으로 제조 가공해 특수 성분의 생리적 효과를 기대하는 식품이다.

원료가 다양하고 가공법도 여러 개여서 소비자가 효과를 정확히 이해하기란 쉽지 않다. 대략적인 효과만 나열해보자.

유산균과 프락토올리고당은 장 건강에 도움을 준다. 감마리놀렌산과 키토산, 대두단백은 건강한 콜레스테롤 유지에 도움이 된다. 녹차 추출물과 베타카로틴은 유해 활성산소를 제거하는 데 도움을 준다. 인삼과 홍삼은 면역 기능을 유지하는 데 효과가 있다. 효과의 정도는 제품마다 다르다. 개인의 건강 상태와 체질 등에 따라 특정 영양제가 도움이 될 수도, 악영향을 미칠 수도 있다.

종류도 효과도 가지각색인 영양제와 건강보조식품 산업은 날로 커지고 있다. 한국건강기능식품협회는 2021년 우리나라 건강기능식품 시장 규모가 5조 454억 원으로 집계됐다고 발표했다. 5년 전 대비 무려 20%나 성장했다. 건강기능식품 시장이 5조 원을 돌파한 것도 이번이 처음이다.

2020년 전 세계를 강타한 코로나로 인해 영양제에 관한 관심은 젊은 세대에까지 확대됐다. 특히 면역 기능을 담은 영양제 소비가 크게 늘었다. G마켓은 2020년 1월부터 8월 17일까지 팔린 건강기능식품의 세대별 소비 행태를 분석했다. 20대 구매 비중은 7%로 최저였지만, 지난해 동기보다 2% 높았다. 이들은 면역력 강화와 염증 완화에 도움이 된다고 알려진 프로폴리스 제품을 선호했다.

이왕 먹을 거 제대로 먹자

필리는 영양제를 정기 배송한다. 이 스타트업이 주목한 건강보조식품(영양제) 시장의 문제점은 다음과 같다.

- 자신에게 맞는 영양제를 제대로 알고 있을까?
- 유통기한이 지나 버리는 영양제, 어떻게 하면 꾸준히 섭취할까?
- 아무 영양제나 먹어도 될까? 어떤 게 좋은 영양제일까?

2018년 사업을 시작한 필리는 구독에 앞서 짧은 설문을 진행했다. 이를 통해 고객의 증상과 생활 습관을 확인했다. 증상 설문으로 혈액순환, 소화, 피부, 눈, 두뇌활동, 피로감, 관절, 면역, 모발과 같은 고객의 주요 관심사를 파악했다. 선택한 관심사에 대해 어떤 증상이 있고, 어떤 불편을 겪는지 물었다. 생활 습관 설문으로 키, 몸무게, 운동 빈도, 야외활동 정도, 식습관, 생활 방식, 가족력, 건강검진과 영양제 섭취 현황 등을 검토했다.

위의 절차를 진행하면 건강 설문 결과표를 받아보게 된다. 필리가 추천하는 영양성분과 유의해야 할 점 등이 상세히 담긴 이 결과표는 정기구독 패키지로 연결된다. 고객은 결과표를 읽으며 원하는 정기구독 패키지를 선택할 수 있다. 필리가 루테인, 오메가3, 비타민D 등의 영양제를 추천하면 고객은 전부나 일부를 선택해 구독하게 된다. 필리는 꾸준한 섭취를 돕기 위해 스마트폰으로 알림을 보낸다. 건강 상식에 대한 정보도 꾸준히 전달한다.

이 같은 흐름은 온라인 설문과 비대면 거래에 익숙한 사람에겐 편리하다. 필리는 상대적으로 저렴한 가격으로 고객이 원하는 영양제 패키지를 제안한다는 점에서 기존 영양제 소비 패턴에 변화를 주었다.

그동안 사람들은 보완해야 할 영양소를 미루어 짐작한 뒤 전문가 상담 없이 자신의 얕은 지식을 바탕으로 영양제를 선택하기 일쑤였다.

필리는 고객이 전문적인 상담을 받은 것과 같은 느낌을 준다. 실제로 어느 정도 그렇다. 영양제에 관한 정보 비대칭 문제를 해소한다는 측면에서 고객의 건강에 도움을 주고 있다.

필리를 운영하는 케어위드의 고성훈 대표는 언론사 인터뷰에서 "영양제 섭취의 핵심은 자신에게 필요한 것을 알맞게 꾸준히 먹는 것"이라고 말했다. "그러나 관리의 필요성을 체감하기 전까진 이러한 핵심을 잊어버린다"라고 전했다. "혈액과 모발, DNA 검사처럼 더 정밀한 방법도 있지만, 일반인 대상으로 문턱이 낮고 익숙한 온라인 설문이 필리에 적합하다고 생각했다"라고 설명했다.

거대한 시장에서 생존하라

영양제 시장에서 필리가 꿈꾸는 미래는 어떤 모습일까? 필리의 향후 과제는 다음과 같다.

- 영양제에 대한 독보적인 전문성 확보
- 개인 맞춤형 서비스의 고도화
- 지속적인 영양제 섭취 습관 유도

영양제는 의약품보다 진입장벽이 낮다. 그런데도 시장 규모가 커 유수의 제약사와 건강식품 제조사가 끊임없이 신제품을 개발하고 있다. 필리도 자체 영양제 개발력을 확보해야 하는 과제를 안고 있다. 이를 위해 국내 유명 제약사 출신 박사급 인재를 전문 어드바이저로 섭외하고 있다.

개인 맞춤형 서비스는 필리가 다른 영양제 제조사와 가장 차별화된 점이다. 하지만 온라인 설문 시스템은 따라 하기 어려운 구조가 아니다. 필리보다 다양한 영양 제품군을 갖춘 기업이 필리와 유사한 형태의 시스템을 빠르게 구축할 수도 있다. 달러셰이브클럽이 급성장하자 질레트가 유사한 서비스를 만든 것처럼.

장기 구독자를 확보해야 하는 문제도 있다. 구독경제의 힘은 고객의 반복 구매에 있다. 필리에서 받은 영양제가 집에 쌓이고 있다면 머지않아 구독을 해지할 가능성이 크다. 영양제가 남았는데 또 살 리 만

무하기 때문이다. 고객에게 영양제를 계속 먹어야 하는 이유를 제시하고 그 행동을 유도하는 법을 고안하는 것은 필리의 성장에 필수다.

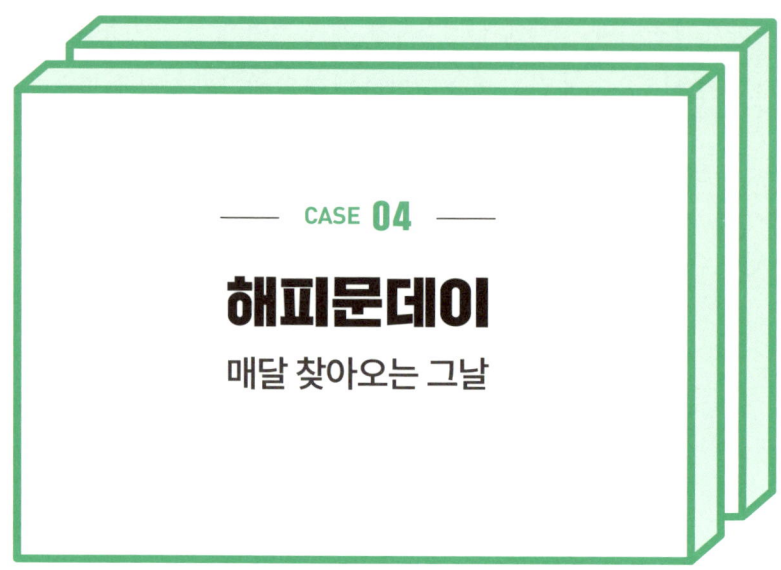

CASE 04
해피문데이
매달 찾아오는 그날

한 달에 한 번 찾아오는 그날

여아는 12세~14세 정도에 초경을 한다. 여성은 약 35년 동안 생리한다. 우리나라 여성은 연간 4억 5,000만 개의 생리대를 소비한다. 개인차는 있지만, 한 달에 보통 5일씩 생리하며 하루 평균 5개 생리대를 사용한다. 한 달에 1명이 소비하는 생리대는 평균 25개다. 국내 생리대 시장 규모는 4,000억 ~5,000억이다.

특히 유기농 및 친환경 제품의 규모가 빠르게 성장하고 있다. 대표적인 생리대 제조사인 유한킴벌리는 2020년 7월 3일 새로운 제품을 출시하며 "유기농 및 친환경 생리대 시장 규모가 전체 시장의 30%를 차지할 정도로 급성장하고 있다"라고 전했다. 유한킴벌리는 2030년까지 지속 가능한 소재를 적용한 생리대 매출 비중을 95%까지 끌어올린다는 계획을 세웠다.

과거에는 생리대 광고를 보고 제품을 고르는 경우가 많았다. 최근엔 소비 패턴이 빠르게 변하고 있다.

생리대 원료의 성분, 생리대를 만드는 기업의 윤리 등이 대표적인 기준점 역할을 한다. 편안함과 흡수력 등 본연의 기능과 더불어 친환경 소재의 사용 여부와 기업의 사회적 가치 등이 소비에 영향을 미치고 있다.

2017년 '생리대 유해 물질 파동'이 일어났다. 같은 해 3월 시민단체를 주축으로 진행된 생리대 유해 물질 검출시험과 부작용 제보 등으로 생리대 유해 물질에 대한 정보가 대중에게 알려지기 시작했다. 같은 해 9월 식품의약품안전처는 유해 물질 측정 결과를 발표했다. 61개 사 666개 제품을 전수 조사한 결과 생리대와 팬티 라이너의 화합물에 유해성이 없었다. 유해 물질이 있는 것은 사실이지만, 인체에 해로운 영향을 주기에는 미미하다는 것이다. 식품의약품안전처는 12월에 국내에서 판매되는 생리대에 들어있는 휘발성 유기화합물은 인체에 해가 없는 수준이라고 결론 내렸다. 그런데도 일련의 사건이 진행되는 과정에서 생리대에 대한 불신은 커졌고, 안전하고 친환경적인 생리대를 찾는 수요가 급격히 늘었다.

구독과 딱 맞는 생리대

배송하는 제품 중 생리대보다 주기가 더 잘 맞는 제품이 있을까? 김도진 대표와 부혜은 개발이사는 해피문데이를 창업한 사람이다. 2017년에 유기농 생리대 정기배송 서비스 베타버전을 론칭했다. 같은 해 국내에서 자체 브랜드 생리대 생산을 시작했다. 점차 사업 영역을 확대해 2018년 1월 오버나이트 라인업을 추가했고 2019년 10월 탐폰을 출시했다. 2020년 9월엔 월경 관리앱인 헤이문을 선보였다.

김 대표는 개인적인 불편함을 계기로 사업을 시작했다. 시중의 일회용 생리대를 사용하면서 간지러움 증, 냄새, 월경통 등으로 고생했기 때문이다. 사업 초기엔 유기농 생리대를 수입해 구독자에게 배송했다. 다양한 유기농 생리대 브랜드를 분석한 그는 일일이 제품을 뜯어보며 살폈다. 원부자재 업체까지 찾아가 생리대를 공부했다.

해피문데이는 제품을 시험 삼아 사용하고 싶은 고객에게 체험 패키지를 제공한다. 생리대 체험팩과 탐폰 체험팩으로 구성되어 있고 각 체험 팩은 할인된다.

정기구독하면 월경주기(28일 전후)마다 제품을 보내준다. 정기구독 제품은 다양하다. 탐폰, 소형·중형·대형·라이트·레귤러·오버나이트·팬티 라이너 등 여러 생리대 중 맞는 제품을 선택하면 된다. 개인적으로 원하는 패키지로 구성할 수도 있다. 월경주기도 설정할 수 있다. 28일이 기본값이고 변경할 수 있다. 월경 1주기마다 배송받을지 아니면 2, 3주기마다 받을지도 고를 수 있다. 2020년 해피문데이 회원은 45,000여 명을 넘어섰다.

해피문데이는 월경과 관련된 제품도 개발해 판매하고 있다. 질 세정기와 손 소독제, 임신 테스트기, 초경 가이드북 등이다.

여성들을 위한 기업

생리대 시장은 사라지지 않는다. 그래서 경쟁이 치열하다. 하지만 해피문데이는 경쟁 우위를 점하기 위해 공격적인 전략은 취하지 않았다. 오히려 기본에 더 충실했다. 부드러운 유기농 순면, 공기를 통과시키는 숨 쉬는 필름, 흡수력을 잡아주는 안전한 재료와 디자인 등이 해피문데이 제품의 특징이다. 원가 절감하려고 해로운 재료를 사용하지 않으며 무독성이 확인되지 않는 재료는 배제한다. 원부자재 공급 파트너도 까다롭게 선정한다. 기술력, 품질, 책임 의식, 공급 이력 등을 검토한 뒤 파트너와 긴 호흡으로 손발을 맞춘다. 해피문데이는 순면 탑시트 생산, 저장, 유통 전 과정에 대한 유기농 인증을 완료했다.

생리대는 여성 필수품이다. 항상 써야 하는 제품이어서 가격이 중요하다. 지난 2016년 저소득층 가정의 여학생이 신발 깔창과 휴지로 생리대를 대신한다는 충격적인 보도가 나오면서 이는 사회적인 문제로 떠올랐다. 이후 정부는 기초생활보장 수급자, 차상위계층, 한 부모 가정의 청소년층을 상대로 생리대 구매 비용 지원 프로그램을 시작했다.

해피문데이도 사회적 책임을 다하기 위해 행동에 나섰다. 매년 초경의 날(10월 20일)에 저소득층 소녀에게 유기농 생리대를 전달했다. 창업 이래 '걱정 없는 1년 캠페인'을 계속하고 있다. 한국지역아동연합회와 함께 기부 대상자를 선정하고 1년간 생리대를 후원하는 프로그램이다. 기부 대상자 역시 해피문데이의 정기구독자인 셈이다.

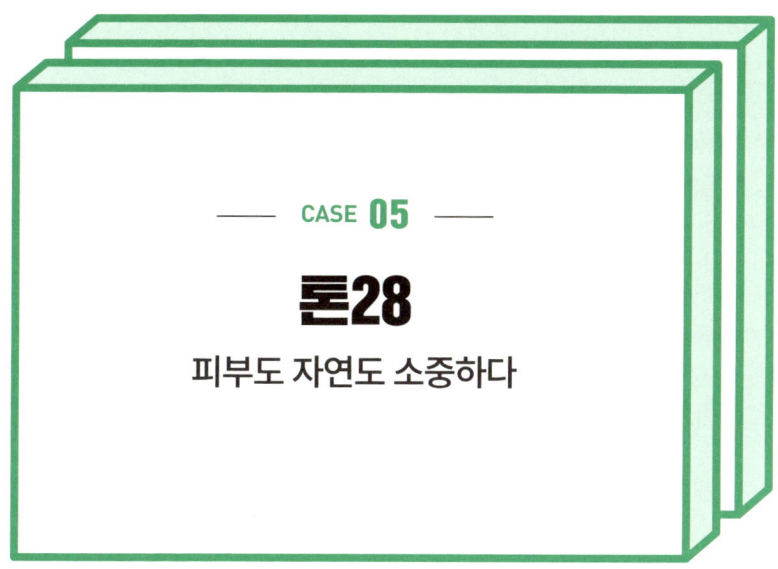

나만을 위한 화장품은 싫다

화장품 산업보다 오래된 산업은 찾아보기 힘들다. 자동차 산업도 화장품과 비교하면 어린아이다.

화장품 산업은 지금도 빠르게 성장 중이다. 한국보건산업진흥원이 발간한 화장품산업분석보고서에 따르면 2019년 국내 화장품 산업 총 생산 규모는 16조 2,633억으로 전년 대비 14.7% 증가했다. 최근 5개년 연평균 성장률도 10.9%다. 매년 10% 이상 지속 성장하고 있다.

2020년 삼정KPMG 경제연구원에 발간한 보고서에 따르면 국내 화장품 산업은 4차 산업혁명 도래에 따라 뷰티테크(Beauty-tech)의 실현, H&B(Health & Beauty) 스토어 등 새로운 유통 채널의 부상, 각종 유해 물질 증가로 인한 코스메슈티컬 및 안티폴루션 화장품 시장의 확대 등 다양한 경영 여건의 변화를 겪고 있다.

빠르게 변하는 화장품 산업의 거대한 키워드가 있다. 바로 '환경'이다. 화장을 위해 자연을 해치는 것은 바람직하지 않다는 인식이 퍼지고 있다. 기업도 단순히 환경 캠페인을 펼치는 수준을 넘어 기업 자체의 정체성을 친환경으로 하는 전략을 활용하기 시작했다.

브랜드 이름이 'Stop The Water While Using Me(나를 사용하는 동안 물을 멈춰 주세요)'인 제품도 있다. 이 기업은 친환경 소재를 활용한 제품을 만드는데, 브랜드에서부터 자연보호에 대한 강력한 의지를 드러냈다. 우리나라 화장품 기업의 대표주자인 LG생활건강도 자연보호와 관련된 여러 활동에 나서고 있다. 산하 브랜드인 비욘드는 2005년 5월 탄생한 이후 지금까지 모든 제품에 동물성 원료를 사용하지 않는다. 화장품 동물 실험을 반대하는 캠페인도 꾸준히 하고 있다.

과거처럼 간헐적으로 환경보호 캠페인을 진행하는 기업 전략은 먹히지 않는다. 지속적인 노력을 하는지 아니면 마케팅을 위한 전략일 뿐인지 고객은 주시하고 있기 때문이다. 진심이 없는 단발성 캠페인은 역효과를 낼 수 있다.

당신에게 꼭 맞는 친환경 화장품

톤28 홈페이지에는 계속해서 바뀌는 숫자가 있다. '우리가 살린 동물 수'와 '우리가 줄인 플라스틱병 수'다. 2022년 10월 26일 기준 이 숫자는 각각 7854와 56만 1962.4. 톤28의 기업가치 중심엔 환경보호가 있다. '환경을 생각하지 않습니다. 환경을 위해 행동합니다'라는 슬로건을 내걸고 있다. 이를 위해 약 500번의 테스트를 거쳐 한국환경공단의 인증을 받은 재활용 가능한 종이 패키지를 만들었다. 이는 플라스틱 때문에 고통받는 동물을 위한 조치다. 연간 2억 마리의 동물이 플라스틱 섭취 때문에 죽어간다고 한다.

톤28은 20여 개의 제품에 대해 영국 비건 소사이어티 인증을 받았다. 비건 인증 제품은 육류, 어류, 꿀, 달걀, 유제품을 포함한 동물 또는 동물유래 원료를 사용하지 않으며 식물성 천연 혹은 천연 유래 원료로만 만든다.

화장품 용기가 가격에서 차지하는 비중은 상당하다. 화장품 제조비용 중 90%가 용기에 사용되기도 한다. 사람들은 화장품 내용물이 아닌 용기를 사는 데 더 많은 돈을 쓰는 셈이다. 톤28은 정반대 포지션을 취했다. 비용의 90%를 성분에, 나머지 10%만 용기에 쓴다는 원칙을 세웠다. 피부 트러블과 자극을 일으킬 수 있는 합성방부제와 인공향, 인공색소 등을 철저히 배제하고 있다.

톤28은 이러한 가치와 믿음 아래 맞춤 화장품 구독 서비스를 하고 있다. 특히 고객에게 최적화된 제품을 제공하기 위한 노력이 눈에 띈다. 톤28은 고객과 직접 만나 상담한다. 무료 피부 상담은 지역과 인근 지하철역 정보를 입력하기만 하면 된다. 톤28의 바를거리 가이드(뷰티컨설턴트)가 직접 찾아가 30분 정도 상담한다. 서비스를 미리 체험할 수도 있다. 나이와 성별을 선택한 뒤 원하는 기초 성분, 향을 택하면 이를 기반으로 만들어질 제품에 대한 정보를 준다.

매달 같은 제품을 보내는 것은 아니다. 피부는 기후에 따라 변하기 때문에 시기에 가장 적합한 제품을 구성해 준다. 톤28의 분석 결과 환절기에는 트러블이 23% 증가하고 여름 동안의 피지 분비량은 온도가 1도 올라갈 때마다 6%에서 10% 증가한다. 5, 6월에 노출되는 자외선 A가 7, 8월의 자외선 B보다 더 피부 노화를 일으킨다. 톤28은 3만여 건(2019년 12월 기준)의 피부 데이터와 기후변화 알고리즘을 반영해 구독자에게 최적화된 제품을 만들고 있다.

구독 모델은 저렴한 가격만으로는 성공하기 어렵다. 톤28은 기업이 추구하는 가치관을 중심에 둠으로써 장기적인 성장 발판을 마련했다. 과거 사람들이 소비자 역할에 충실했다면 지금의 고객은 소비자이자 감시자이자 조력자다. 제품만 좋다고 성공하는 시대는 지났다. 비도덕적이거나 자연 파괴적인 행위를 하는 기업은 가치를 잃게 되고, 사람과 자연을 소중히 하는 기업은 공고한 경제적 해자를 파나갈 것이다.

구독 서비스는 스타트업의 전유물이 아니다

초기 구독 모델은 스타트업이 산업에 진입하기 위한 무기였다. 구독 모델은 소비자의 의견을 빠르게 수렴하고 제품과 서비스를 개선하는 데 큰 도움을 주었다. 특히 스타트업은 본연의 빠른 속도로 서비스 질을 높였고 대기업이 주도하는 산업 속에서 유의미한 성과를 거뒀다. 하지만 구독 비즈니스 모델은 더 이상 신선한 전략이 아니다. 대기업도 기민하게 구독 모델을 탐구했으며 막강한 자원을 바탕으로 구독 모델에 도전하고 있다.

우리나라 최대 화장품 회사인 아모레퍼시픽은 지난 2017년 11월 마스크팩 전문 브랜드 스테디(STEADY:D)를 통해 정기배송 서비스를 시작했다. 스테디는 아모레퍼시픽의 사내벤처 육성 프로그램으로 탄생했다. 보습, 영양, 미백 등 원하는 기능을 고르면 마스크팩 10장을 2주 주기로 보내준다.

하지만 스테디는 2020년 12월 31일 정기배송 서비스를 종료했다. 대기업이더라도 구독 모델을 정착시키는 게 쉽지 않다는 의미다.

그런데도 뷰티 대기업의 구독 모델에 대한 도전은 계속될 것이다. 화장품 산업 내에 존재하는 수많은 카테고리가 모두 하나의 구독 모델로 진화할 가능성을 내재하고 있기 때문이다. 문제는 구독 모델을 접목했을 때 사람들의 호응이 가장 많을 만한 카테고리와 조합 그리고 가치 등을 찾아내는 것이다. 이러한 틈새시장에서 건전한 구독경제 모델로 살아남기 위해서는 실적이 아닌 가치를 목표로 삼아야 한다.

CASE 06
펑션오브뷰티
맞춤형 샴푸를 만들다

획일적인 샴푸

샴푸는 대량 생산된다. 고객은 수많은 샴푸 중 하나를 고른다. 보통 집에 샴푸 하나를 두고 가족이 같이 쓴다. 예외는 있다. 너무 두피가 민감하거나 탈모를 예방하고자 할 때다. 사실 누구도 '나만의 샴푸가 있으면 좋겠다'라고 생각하지 않는다. 필요 없다기보단 거기까지 생각이 미치지 못했다는 표현이 적절하다. 개인화된 샴푸를 만드는 게 가능할지도 회의적이다.

샴푸는 거대한 시장을 형성하고 있다. 한국보건산업진흥원이 발표한 〈2021년 화장품 산업 통계〉 보고서에 따르면 2021년 세계 화장품 시장 규모는 4,450억 달러다. 전체 시장 중 헤어케어(Hair care) 부문은 대략 17.9%다. 이는 스킨케어(Skin care) 부문에 이어 두 번째로 크다. 헤어케어 부문에서 단연 가장 큰 비중을 차지하는 게 바로 샴푸다.

샴푸와 인공지능이 만나다

자히르 도사(Zahir Dossa) CEO는 2015년 펑션오브뷰티(Function of Beauty)라는 스타트업을 세웠다. MIT 출신 컴퓨터과학 박사인 자히르 도사는 인공지능 알고리즘을 활용해 고객 머리카락 유형에 맞는 맞춤 샴푸와 컨디셔너를 만들고자 했다. 그래서 이 스타트업의 직원에는 데이터 과학자와 인공지능 전문가가 다수 있다.

펑션오브뷰티 사이트를 가보면 먼저 헤어 퀴즈(Hair Quiz)를 풀어야 한다. 모든 개인화 구독 서비스의 첫 번째 단계다. 머리카락 타입과 두께, 두피 상태를 선택하면 다섯 가지 목표를 골라야 한다. 머리를 기를 것인지, 색을 보호할 것인지, 모근을 강화할 것인지 선택할 수 있다(1가지 이상만 선택하면 된다). 다음 단계로 향을 선택한다. 복숭아와 만다린 조합, 장비와 블랙 커런트 조합, 배와 사과 조합, 유칼립투스와 민트 조합, 라벤더와 유칼립투스 조합 등이 선택지다. 향의 강도도 고를 수 있다. 무향도 가능하다.

샴푸에 새길 이름도 정할 수 있다. 샴푸와 컨디셔너의 컬러도 선택할 수 있다. 매월, 3개월, 6개월 주기로 배송받을 수 있으며 1회 구매도 가능하다. 이 과정에서 또 다른 상품을 추가할지 묻는다. 초기에는 샴푸 한 제품만 서비스했지만, 이제는 헤어케어, 바디케어, 스킨케어 제품도 아우르고 있다.

퀴즈는 지루하지 않다. 단순한 디자인과 속도감 있는 진행은 오히려 재미있기까지 하다. 향과 이름과 색을 고르는 과정에서 내가 직접 샴푸를 만들고 있는 것 같다.

어떻게 만들까?

퀴즈를 풀고 나면 드는 의문이 있다. 내가 선택한 조건만 십여 개가 넘는다. 퀴즈에서 발생할 수 있는 경우의 수는 어마어마하다. 직원이 고객들의 조건에 부합하는 샴푸를 일일이 만든다면 비용이 엄청날 것이다. 그렇다고 퀴즈 결과를 대충 뭉개고 수십 개의 샴푸만 만든다면 이 비즈니스 모델은 오래가지 못할 것이다.

펑션오브뷰티는 어떻게 개인화된 샴푸를 만들까? 2015년 사업을 시작함과 동시에 CEO는 자체 생산 시설이 필요하다고 판단했다. 하지만 개인마다 다른 샴푸를 생산할만한 공장은 없었다. 그 때문에 직접 공장을 짓기로 했다. 펜실베이니아주 카타위사(Catawissa)에 제1공장을 설립했다. 이후 펜실베이니아주 팍시노스(Paxinos)에 제2공장을 지으며 생산능력을 확대했다.

평션오브뷰티가 구축한 소프트웨어와 하드웨어 시스템은 기존 샴푸 제조업체가 벤치마킹하기 어렵다. 다양한 산업 기술이 모두 쓰였기 때문이다. 개발자는 구독자가 쉽게 퀴즈를 풀 수 있도록 탁월한 사용자 경험을 제공해야 하고, 데이터 전문가는 샴푸의 기능과 제품 완성도를 높이기 위해 최적화된 공식을 도출해야 한다. 산업 전문가는 이러한 과정이 매끄럽게 진행될 수 있도록 최적의 제조설비를 구축해야 한다. 이질적인 산업의 전문가가 모여 샴푸 구독 모델이라는 최초의 강력한 사업을 시장에 안착시킨 것이다.

2020년 12월, 평션오브뷰티는 엘 캐터튼(L Catterton)으로부터 1억 5,000만 달러의 투자를 받았다. 이 사모펀드(PE)는 루이비통모에헤네시(LVMH)가 미국 투자회사와 합작 설립했다. 투자 당시 엘 캐터튼 관계자는 "평션오브뷰티는 뷰티 산업의 지형을 재정의할 준비가 되어 있다"라고 평가했다. 미국에서 시작한 이 샴푸 구독 서비스는 현재 우리나라에서도 이용할 수 있다.

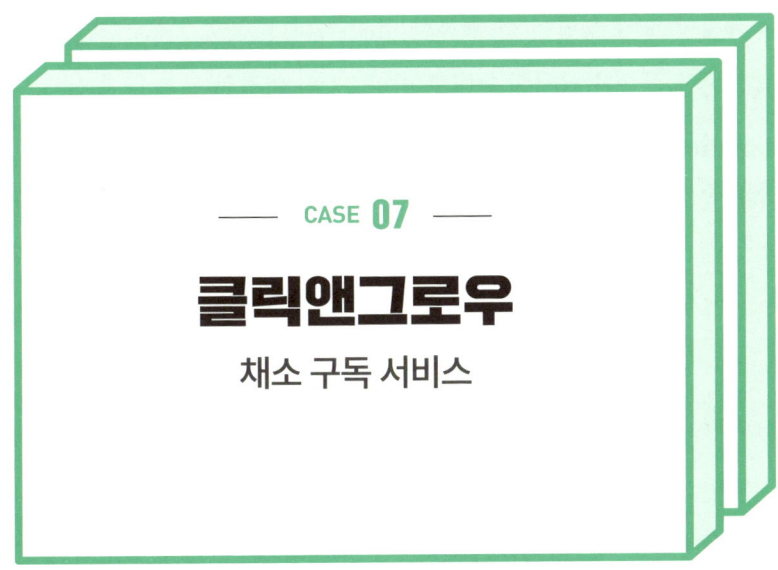

CASE 07
클릭앤그로우
채소 구독 서비스

삭막한 도시, 병든 삶

도시 거주 인구는 얼마나 될까? 유엔무역개발회의(UNCTAD)에 따르면 전 세계 인구 중 56.2%(2020년 기준)가 도시 생활자다. 부유한 선진국(Developed)일수록 도시 생활자는 더 많은데, 그 비율은 무려 79%다.

현대인에게 도시 생활은 선택이 아닌 필수다. 어느 나라나 일자리는 도시에 몰려 있다. 근사한 직장에서 고액 연봉을 받기 위해 고향을 등진 채 도시로 향한다.

하지만 도시 생활이 꼭 행복한 것은 아니다. 운동 부족, 수면 부족, 불규칙한 식습관 상황에 놓이고 비만, 당뇨, 위경련 등을 달고 산다.

더 심각한 건 정신 질환이다. 영국 킹스칼리지 안드레아 메셀리 교수의 연구에 따르면 도시인의 우울증 발병률은 시골 거주자보다 평균 20%가량 더 높다. 환각, 망상, 편집증 등 중증 정신 질환에 걸릴 가능성은 무려 77%나 높다. 삭막한 아스팔트 속 삶이 정신을 병들게 하는 것이다.

이런 취약한 도시인의 건강, 삶의 질 개선에 천착해 사업을 시작한 기업이 있다. 2009년 유럽의 변방 에스토니아에서 시작된 기업, 클릭앤그로우(Click & Grow)다. 이들은 식물 재배가 스트레스 지수를 완화하고 행복을 증진한다는 연구 결과를 기초로 최첨단 홈가드닝 기기를 개발했다.

건강을 구독하다

클릭앤그로우의 홈가드닝 기기를 사용하면 초보자도 쉽게 식물을 재배할 수 있다. 기기는 작물 재배에 필요한 채광(LED 조명), 수분, 온도를 적절히 유지하도록 프로그램돼 있다.

여기서 끝이 아니다. 홈가드닝 기기뿐 아니라 해당 기기에서 재배할 수 있는 채소도 판다. 채소 씨앗을 고영양 토양에 심어 화분(포드)

형태로 판매한다. 이 씨앗 포드를 정기구독으로 제공하고 있다. 구독자는 기호에 따라 채소를 주기적으로 바꿔 재배할 수 있다.

결국, 클랙앤그로우는 도시인에게 정기적으로 건강을 보충해주는 곳이라고 할 수 있다. 홈가드닝을 통해 정신 건강을 증진하고 건강한 유기농 채소를 규칙적으로 섭취해 몸 건강까지 챙길 수 있다.

클랙앤그로우는 비교적 쉽게 시장에 안착했다. 특히 채소 구독 서비스는 이 회사를 특별하게 만든 비즈니스 모델이었다. 현재 유럽을 넘어, 미국, 아시아에서 수십만 가구에 기기를 판매했고 구독자들은 정기적으로 채소를 받고 있다.

혁신적인 기업들은 업계의 주목을 받기 마련이다. 가장 눈에 띄는 투자자는 이케아였다. 2018년 이케아의 모회사 잉카 홀딩(INGKA Holding)은 이 회사의 지분을 사들였다. 이케아는 홈가드닝 가기를 삶의 질을 개선하는 가정용품으로 눈여겨본 것이다.

75가지 채소를 구독하다

클릭앤그로우 홈페이지에서 다양한 홈가드닝 기기를 팔고 있다. 채소 포드 숫자를 기준으로 3개와 9개 포드를 가진 작은 기기, 25개와 27개 포드를 가진 대형기기가 있다. 기기 대여는 아직 하지 않고 있다.

기기 구매자가 구독할 수 있는 작물 수는 75종이다. 이 중에는 채소

외에 허브(차), 관상용 식물 등도 있다. 작물은 고영양 토양에 심은 씨앗 형태로 판매하며 포드 당 가격은 1.8달러~3.5달러다.

구독 서비스는 크게 3가지다. 포드 수에 따라 구독 서비스가 나뉜다. 3개, 9개, 25개 포드용 구독 상품이 있다. 모델별로 구독 주기를 자유롭게 설정할 수 있다. 2개월, 3개월, 4개월에 한 번씩 씨앗을 받는 식이다. 단, 25개 포트 구독자는 4개월에 한 번씩만 받아볼 수 있다. 배송 주기는 2~4개월이지만, 구독자는 이용대금을 월 단위로 내야 한다.

눈여겨볼 점은 이 회사가 구독 서비스를 유지하는 방식이다. 클랙앤그로우는 자체 애플리케이션으로 구독자와 꾸준히 소통하고 있다. 앱으로 채소별 영양성분과 수확법 등 다양한 정보를 제공한다. 구독자가 홈가드닝을 즐길 수 있도록 하는 것이다. 덕분에 구독자들은 홈가드닝이라는 취미 생활로 정서적 안정을 찾고 건강한 채소를 주기적으로 섭취해 건강해질 수 있다.

팬데믹, 그리고 건강한 삶

클랙앤그로우는 팬데믹 기간에 기업가치를 재조명받았다. 건강한 삶, 건강한 먹거리가 화두로 떠오르면서 더 많은 사람이 홈가드닝과 채소 섭취가 삶에 주는 편익에 주목하기 시작했다.

이런 대중의 관심은 실적으로 명확해졌다. 기업정보플랫폼 코나쿼티에 따르면 클릭앤그로우의 분기별 매출액은 2019년 600만 달러대에서 2020년 800만 달러대로 급증했다. 다만, 2021년 들어 2019년 이전 수준으로 회귀했다. 홈가드닝 기기를 신규로 구매하는 사람이 반짝 늘었다가 확장성 부족으로 후퇴한 것이다.

하지만 건강한 삶, 건강한 먹거리에 관한 관심은 일시적일 리 없다. 한때 우리나라에 유행했던 주말농장을 떠올리면 이해가 빠를 것이다. 도시를 떠나 자연 속에서 직접 작물을 수확해 먹는 주말농장은 현재 인기는 사그라들었지만, 그 규모는 과거보다 월등히 커졌다. 클랙앤그로우도 이런 도시 생활자들의 욕구를 파고들어 홈가드닝 구독 서비스를 시작했다.

새로운 사업 확대 전략을 생각해내야 하는 과제가 남았지만, 시장은 이 비즈니스 모델의 유망성을 여전히 높게 평가하고 있다.

3장
큐레이션 구독

전문가가 필요할 때는 채용하라.
당신이 전문가가 되려 하지 말고.

_ 로버트 H. 슐러

Intro
과잉의 시대에 발휘되는 전문가의 힘

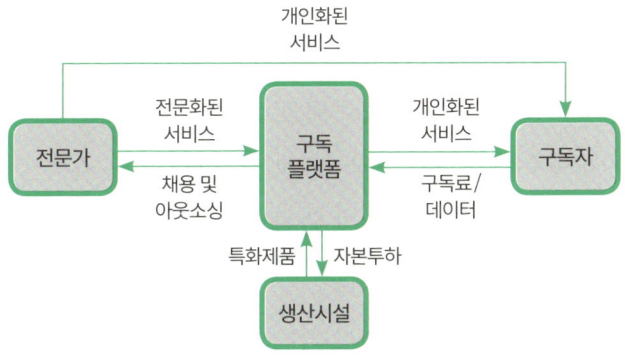

큐레이션 구독 모델

큐레이션(Curation)은 미술관과 박물관 등에 전시되는 작품을 기획하고 설명해 주는 큐레이터(Curator)에서 파생한 단어다. 큐레이터는 수많은 작품 가운데 관객에게 의미가 있는 것들을 추린다. 비전문가인 관객은 큐레이터를 믿고 그의 이야기에 귀를 기울인다.

이런 방식의 서비스가 예술에만 있는 것은 아니다. 전문가가 고객을 위해 정보를 선별하는 일은 언제나 있었다. 공인중개사와 재무설계사 등도 고객을 위해 큐레이션 해왔다. 문제도 있었다. 비전문가와 전문가 간 정보 비대칭이다. 전문가 일부는 이를 악용해 고객에게 과도한 비용을 전가했다. 형편없는 서비스를 제공하기도 했다.

큐레이션과 구독 모델의 결합은 전문가와 고객의 관계를 잇는다. 구독 기간이 길수록 기업과 구독자의 유대는 강화된다. 기업의 전문가는 더 저렴한 가격으로 서비스와 제품을 제공하는 법을 안다. 이들은 고객과의 관계가 일회성이었으면 노하우를 공개하지 않았을 것이다. 그러나 구독 모델이라면 다르다. 전문가는 기꺼이 자신의 전문지식을 200% 활용한다. 고객을 구독자로 확실하게 묶기 위해서다. 고객생애가치(Customer Lifetime Value)가 높아질수록 기업은 비용을 낮추고 수익성을 확대할 수 있다.

구독 모델은 그동안 서로 의심하던 전문가와 비전문가를 팀으로 엮었다. 다양한 구독 모델 중 이 큐레이션 구독은 가장 빠르게 확대되고 있다고 봐도 무방하다. 모든 서비스와 제품엔 응당 전문가가 있기 때문이다.

상상력을 발휘해보자. 전문성이 부족해서 불편함을 겪은 적이 있는가? 나는 부동산 중개도 구독 서비스로 등장할 수 있다고 생각한다. 부동산은 유한한 자원이며 정보의 가치도 높다. 그러나 정보가 너무 넘친다. 뭐가 진실이고 거짓인지 판별하려면 많은 수고와 시간이 필요하다. 부동산 분석 정보를 계속 전함과 동시에 계약지원 서비스를 제공하는 구독 상품이라면 적지 않은 관심을 받을 것이다.

여행 큐레이션 서비스는 어떨까? 여행이 삶에 활력을 불어넣어 주기도 하지만, 때로는 기분을 엉망으로 만든다. 유명한 휴양지에 가도 별거 없다고 느낄 때도 있다. 너무 많은 관광객, 형편없는 서비스로 애써 간 여행을 망친다. 고객 성향에 맞춰 유명하진 않으나 쾌적한 휴양지를 소개해 주는 여행 큐레이션 서비스라면? 항공권, 숙소, 액티비티 등도 맞춤형으로 알아서 예약해 준다면? 이런 프리미엄 여행 구독 서비스는 경제적 여유는 있으나 일상이 바쁜 고객에게 유효하지 않을까?

이런 구독 모델이 이미 나왔을지도 모른다. 이번 장에서는 전문가의 손길이 느껴지는 큐레이션 구독 모델을 살펴보겠다.

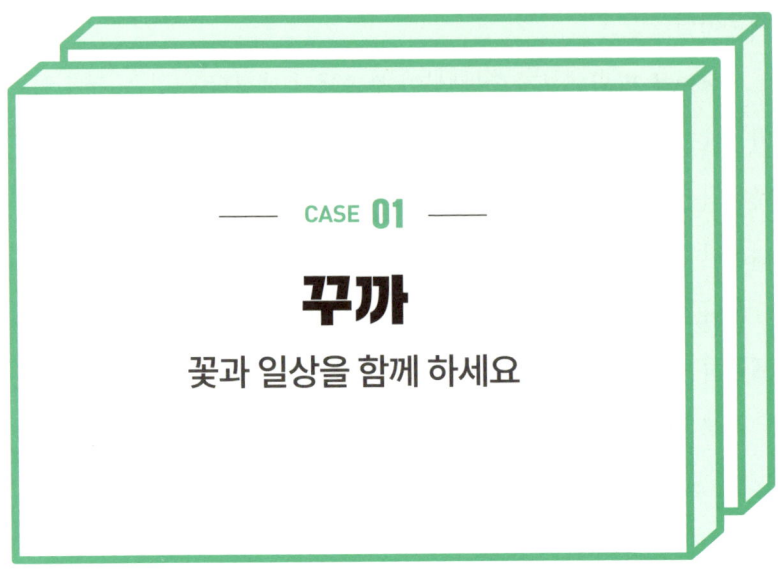

CASE 01

꾸까
꽃과 일상을 함께 하세요

특별한 날에만 찾던 꽃

우리나라는 꽃을 많이 소비하는 국가는 아니다. 꽃은 특별한 날에 주는 선물로 여긴다. 일상에서 꽃을 자주 사는 사람은 많지 않다. 유럽과 일본의 경우 1인당 연간 꽃 소비액이 10만 원을 넘는다. 우리나라는 10분의 1 수준이다. 국내 화훼시장은 사양산업으로 꼽힌다. 화훼 생산 비용이 늘면서 농가는 줄었다. 특히 소상공인 위주로 시장이 돌아가는 탓에 산업은 오랜 침체를 겪었다.

화훼시장은 어떻게 돌아가고 있을까? 우선 꽃을 키우는 농장이 있다. 수입도 한다. 이 꽃은 도매시장에 모인다. 소매업체, 즉 꽃집이 도매시장에서 꽃을 매입한 후 고객에게 판다. 꽃집은 전국에 1만 개 이상이 있다. 국내 화훼시장 규모는 2018년 기준 1조 2,000억이다. 4분의 3은 소매시장에서, 나머지는 경조사 시장에서 소화된다.

박춘화 꾸까 대표는 2014년 꽃 정기구독 서비스를 시작했다. 당시 꽃시장엔 대표주자랄 게 없었다. 커피는 스타벅스, 햄버거는 맥도날드, 스마트폰은 애플처럼 카테고리를 대면 탁하고 떠오르는 기업이 꽃 분야에선 없었다. 박 대표는 꽃 소비는 계속 늘 것이고 이 분야에서 브랜드를 제대로 갖출 수만 있다면 승산이 있다고 판단했다. 특별한 날이 아닌 일상에서 즐기는 꽃 문화가 앞으로 퍼진다고 예견한 것이다.

누적 24만 명의 구독자 "꽃을 즐겨요"

꾸까는 창업 첫해 6억 매출을 올렸다. 이후 매출은 꾸준히 상승했다. 2020년 매월 10억 원이 넘는 매출을 올리는 기업으로 성장했다. 바꿔 말하면 꽃을 정기구독하는 사람이 그만큼 많아진 것이다. 2020년 6월 기준, 꾸까의 누적 구독자 수는 약 24만 명이다.

꽃 배송은 어렵다. 같은 종일지라도 모두 다르고 시간이 지나면 시든다. 꾸까는 이 문제를 해결하기 위해 양재 꽃시장에서 좋은 꽃을 공수해 플로리스트가 손질하게 했다. 전국에 택배로 꽃 정기구독 제품을 배달했다. 월 10억 매출 중 고객용 꽃 서비스(B2C)에서 5억, 기업 전용 서비스(B2B)에서 3.5억, 오프라인 지점에서 1.5억의 매출이 발생했다.

① 꽃 정기구독

꾸까는 정기구독 고객에게 2주에 한 번 꽃을 배송한다. 단순히 꽃을 파는 것에서 더 나아가, 고객이 일상에서 꽃과 함께하는 즐거움을 느낄 수 있게 하는 비즈니스 모델이다. 고객은 꽃을 기다리고 받고 꾸미는 과정에서 행복을 느낀다. 구독료는 그 대가다.

② 기업 서비스

기업은 화훼시장의 단골손님이다. 꾸까는 고객 기업의 임직원에게 축하 꽃다발을 보낸다. 회사는 꾸까를 통해 신입사원, 승진 대상자, 생일을 맞이한 임직원에게 꽃을 선물한다. 고객을 위해 꽃을 준비하는 기업도 많다. 자사 제품을 산 고객과 특별한 손님에게 꽃을 보낸다. 삼성전자, 현대백화점, 아모레퍼시픽 같은 대기업도 꾸까의 고객이다. 꾸까는 매년 기업과 500개 계약을 체결하고 있으며 800여 개 회사와 제휴를 맺고 있다.

③ 오프라인 매장

꾸까는 2015년 이태원 경리단길에 오프라인 매장을 열었다. 구독 비즈니스 모델에서 시작해 오프라인 사업까지 영역을 넓힌 보기 드문 사례다. 꾸까는 서울 여러 지역에 쇼룸을 두고 고객과 대면하고 있다.

④ 플라워 클래스

꾸까는 플라워 클래스도 열고 있다. 베이직 코스, 테크닉 코스, 비즈니스 코스 등 취미와 개인 사업자를 위한 수업이 중심이다. 기업이 꾸까와 제휴해 플라워 클래스를 열기도 한다.

꾸까의 기업문화

꾸까가 꽃 정기구독 분야를 개척한 후 유사한 서비스가 여럿 등장했다. 온라인 검색 플랫폼에서 꽃 정기구독을 검색하면 수십 개 업체가 나온다. 그런데도 꾸까는 선두 주자이자 꽃 정기구독 업체의 대명사로 불리고 있다.

꾸까의 성공 비결은 비즈니스 모델에만 있지 않다. 꾸까는 끊임없이 진화했다. 우리나라의 첫 번째 꽃 브랜드라고 해도 과언이 아닌 꾸까는 시장을 개척한 유전자를 바탕으로 새로운 영역을 개척했다. 직원에게 자율성과 그에 따른 책임을 강조했다. 평균 나이 30대 초반인 꾸까 직원들은 전문성과 유연성을 무기로 경쟁자들을 뛰어넘고 있다.

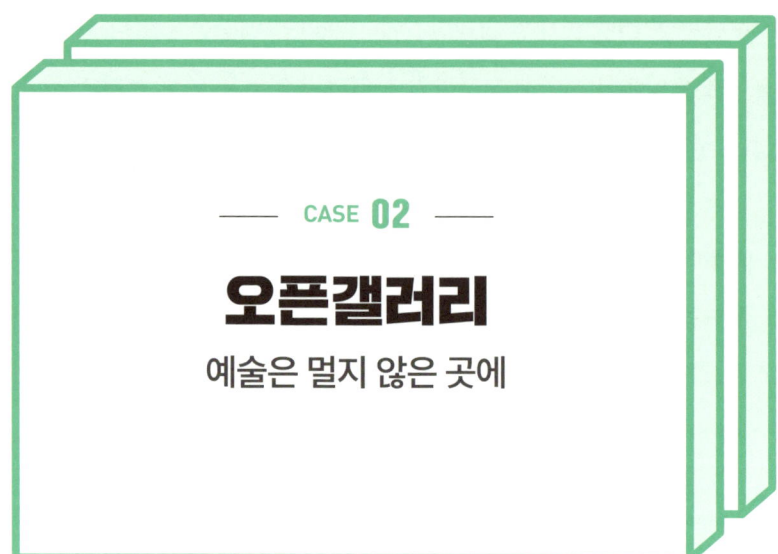

오픈갤러리
예술은 멀지 않은 곳에

일상과 거리가 멀었던 그림

미술은 일상과 거리감이 있었다. 압축성장을 이루는 과정에서 많은 사람이 예술작품을 즐기는 문화를 체감하지 못한 탓이다. 정규교육과정에서 미술을 배우지만, 취미가 그림인 사람은 소수다. 그림을 사서 집에 걸어두는 사람도 보기 힘들다. 그림은 부자와 유력인사의 전유물이라고 여겼다.

그만큼 미술시장과 대중 사이엔 큰 벽이 있다. 그림을 구매하는 유통경로와 보관법, 가격 산정 방식 등을 아는 사람은 거의 없다. 그림을 즐기는 문화가 잘 정착된 국가도 많다. 현대 예술의 역사가 긴 유럽 가정집에서는 장식용 그림을 쉽게 볼 수 있다. 소득수준이 높은 미국에서 그림은 일상적으로 소비되는 품목이다.

2013년에 잘 다니던 회사를 나온 박의규 대표는 그해 말 오픈갤러리를 창업했다. 초기 투자금은 지인의 도움을 받아 마련했다. 이후 오픈갤러리는 빠르게 성장했다. 일반 기업, 병원, 은행, 카페, 음식점 그리고 일반인 모두 오픈갤러리의 고객이 됐다. 비대면 서비스가 트렌드로 떠오르며 매출은 매년 빠르게 상승했다. 2015년 LB인베스트먼트에서 초기 투자를 받았고 2017년엔 네이버도 투자했다. 2018년에도 국내 유수의 투자사에서 40억 원을 추가로 투자했다.

박 대표는 "우리나라 사람도 그림을 즐기는 경험을 한다면 소장하고 싶어 할 것"이란 가설을 세웠다. 합리적인 비용으로 그림을 즐길 수 있도록 렌탈 서비스를 시작했다.

오픈갤러리는 그림을 렌탈하고 3개월 단위로 교체한다. 고객 취향에 맞는 작품을 추천하고 배송하고 설치하고 교체해 준다. 아이가 있는 집엔 아이의 손이 닿지 않도록 그림을 걸 위치도 세심히 살핀다.

렌탈료는 저렴한 편이다. 10호 이하 그림의 월 요금은 39,000원이다. 그림이 클수록 비싸진다. 80호 이상 100호 이하의 그림은 25만 원이다. 렌탈비는 매달 작품 크기에 따라 결제된다.

그림이 마음에 든다면 살 수도 있다. 렌탈 기간에 따라 이미 낸 렌탈료 일부 혹은 전액을 할인하고 있다. 렌탈하다가 구매 결정을 하더라도 크게 손해 볼 일이 없는 것이다.

손쉽게 검색해볼 수 있는 인터페이스

그림 렌탈 분야에서 독보적인 경험과 실력을 갖춘 오픈갤러리는 그림 작품을 쉽게 검색할 수 있는 기능을 제공한다. 테마(인물, 풍경, 동물, 추상 등)와 크기(1호~100호), 형태(정사각형, 가로형 등), 가격 등을 선택하면 조건에 맞는 작품을 분류해 준다. 처음이라 고르기 어렵다면 다른 방법으로도 쉽게 추천받을 수 있다. 거실, 침실, 로비, 사무실 등 어떤 공간인지를 정한 뒤 원하는 대략적인 그림 크기를 선택하면 사람들이 많이 선택한 그림 리스트가 나온다.

위와 같은 온라인 방식 외에 전화 상담도 제공한다. 온라인 설문에 익숙하지 않거나 기타 궁금한 점이 있는 고객을 위한 것이다. 고객이 취향과 작품 설치 장소, 장르, 테마, 분위기, 선호 색상, 통화 가능 시간 등을 적고 큐레이션을 요청하면 전화 상담을 진행하고 제품 추천 제안서를 보내준다.

오픈갤러리는 다양한 검색 및 추천 서비스를 통해 고객의 첫 이용률을 높이고 이탈률을 낮추고 있다.

작가와 상생하라

우리나라에서는 미대를 졸업하고 활동을 계속하는 사람이 많지 않다. 소수 작가의 작품만 소비되는 시장이었기 때문이다. 실력과 개성을 갖춘 신진 작가가 자리를 잡고 유의미한 이익을 거두려면 기나긴 인고의 시간이 필요했다. 이에 박의규 대표는 미술시장 저변을 확대하는 게 시급하다고 생각했다.

작가는 오픈갤러리 비즈니스 모델의 핵심이다. 작가가 오픈갤러리 플랫폼에서 작품 활동을 하고 수익을 창출해야 비즈니스가 장기적으로 성장할 수 있기 때문이다. 작가들과 대중이 연결되면서 창출되는 가치의 질이 높아질수록 오픈갤러리가 지향하는 그림 생태계가 완성된다.

2020년 말 기준 오픈갤러리에는 1,300여 명의 작가가 활동하고 있고 35,000여 점의 작품이 등록이 되어있다. 오픈갤러리는 작가 발굴을 위한 공모도 하고 있다. 2021년 1월, 오픈갤러리는 제10회 작가 공모를 진행했다.

CASE 03
월간가슴
내 몸에 가장 편하게

속옷도 구독한다고?

옷의 사용 기간은 긴 편이다. 소모품은 아니지만, 자주 입는 옷은 생각보다 빨리 마모된다. 우리나라처럼 사계절이 있는 나라에선 여름철, 겨울철 옷도 다 갖춰두어야 한다. 명품처럼 비싼 옷도 있고 한 번 입고 버리는 옷도 있다.

   속옷은 어떨까? 겉옷보다 교체 주기가 빠르다. 편안함이 우선시된다. 디자인도 중요하지만, 체형에 맞는 크기와 기능이 제일 중요하다.

과거의 속옷은 여성의 몸매를 강조하는 도구였다. 하지만 시대가 변하며 속옷 본연의 목적인 건강과 편안함을 추구하는 제품이 인기를 끌게 되었다. 속옷업체도 와이어나 패드 같은 재료를 줄이고 착용감에 초점을 맞췄다.

인더웨어가 운영하는 월간가슴은 여성 속옷 구독 서비스를 시행하고 있다. 월 구독료는 브라 1세트에 15,000원(2021년 1월 기준)이다. 구독을 신청하면 몇 가지 설문이 진행된다. 브라 소재 취향(레이스 원단, 광택 소재, 면 소재 등), 중점 고려 사항(소재, 디자인, 패드 두께, 컵 형태), 디자인 취향(큐빅, 리본, 레이스, 심플 등), 상체 체형 등을 검사한다.

월간가슴은 첫 구독박스에 줄자와 가슴 크기 실측 가이드를 동봉한다. 고객은 줄자로 치수를 측정해 자신에게 맞는 제품을 둘째 달부터 받아보게 된다. 이렇게 실측한 자기 가슴 크기가 알고 있던 것과는 다른 경우가 많았다. 월간가슴 구독자 92%가 치수를 잘못 알고 있었다.

AI로라가 도와줍니다

구독 비즈니스 모델의 장점은 고객의 경험이 데이터로 쌓이고 그 데이터로 제품과 서비스를 바로 개선할 수 있다는 것이다. 월간가슴도 누적 구독자 6만 명의 데이터를 바탕으로 제품 추천 알고리즘을 구축했다. 이름하여 'AI로라'다.

알고리즘은 큐레이션을 돕는다. 기본적으로 프로덕트 매니저가 고객의 고민을 확인하고 직접 문제를 해결한다. 프로덕트 매니저는 고객과 관련된 데이터를 입력하고 AI로라는 이를 학습해 추천 알고리즘을 스스로 발전시킨다. 구독 회차가 늘어날수록 고객 만족도도 상승한다.

인더웨어는 구독 서비스(월간가슴) 외에도 온라인으로 속옷을 판매한다. 자사 쇼핑몰을 구축하고 제품을 판매하는 동시에 구독을 통해 안정적인 유통경로를 추가로 마련하고 있다.

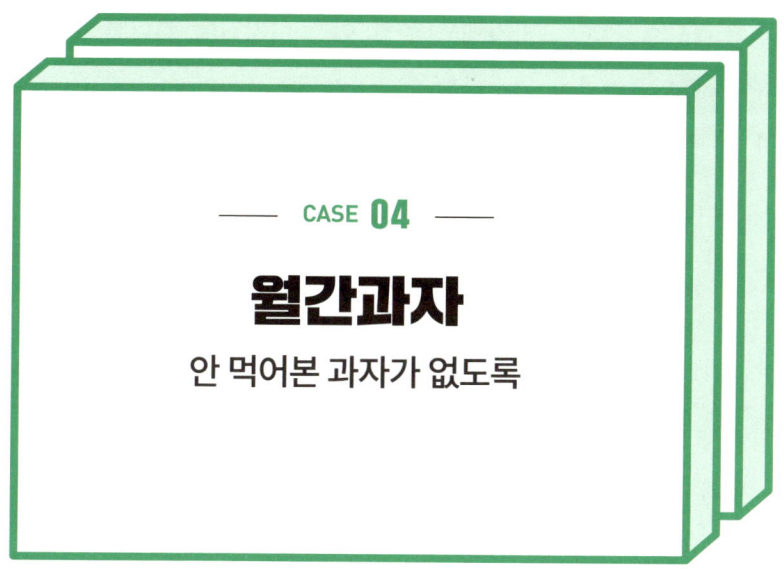

CASE 04
월간과자
안 먹어본 과자가 없도록

껌이라면 역시

1967년 작게 시작한 이 회사는 향후 글로벌 기업의 발판이 되었다. 바로 롯데제과다. 신격호 일본 롯데 사장이 1965년 한일 국교 정상화를 계기로 2년 뒤인 1967년, 3,000만 원의 자본금으로 설립했다. 당시엔 해태제과가 껌 시장을 선점하고 있었다. 롯데제과는 껌 5종을 출시하며 후발주자로 진입했다. 이후 껌 시장에서 점유율 1위를 차지했다.

롯데제과의 과자, 아이스크림을 모르는 사람은 없을 것이다. 꼬깔콘, 도리토스, 치토스, 마가렛트, 몽쉘, 빈츠, 석기시대, 씨리얼, 엄마손파이, 제크, 초코파이, 카스타드, 칸쵸, 고드름, 옥동자, 죠스바, 스크류바, 설레임, 찰떡아이스 등 오랜 역사만큼 여러 스테디셀러를 보유하고 있다.

제과 기업은 전통산업이다. 어느 나라든 오랜 역사의 기업이 즐비하다. 롯데그룹은 온라인 사업에는 고전하고 있다고 항상 이름이 오르내린다. 이런 배경 때문에 롯데제과의 구독 모델 진출은 업계의 관심을 끌었다.

롯데제과는 2020년 6월 우리나라 제과업계 최초로 큐레이션 과자 구독 서비스를 선보였다. 매월 1회 고객에게 다양한 제품으로 구성된 상자를 보낸다. 매월 테마를 정하고 그에 맞는 과자를 담는다. 신제품도 구성에 포함한다. 구독료는 상당히 저렴한데, 2021년 2월 기준 두 가지 구독 패키지가 있다.

소확행팩(9,900원)과 마니아팩(1만 9,800원)이다.

2020년 6월부터 홈캠핑, 동상이몽, 할메니얼, 중추가절, 아듀2020, 온고지신 등 매달 어울리는 테마를 선정하고 그에 맞는 구독박스를 만들었다. 이런 다양함이 가능한 이유는 롯데제과의 다양한 라인업 덕분이다. 생산업체가 제품을 포장하고 곧장 배송하므로 가격 측면에서 압도적인 경쟁력을 발휘하고 있다. 스타트업이 구축하기 불가능한 비즈니스 모델이다.

롯데제과는 구독 비즈니스 모델을 통해 구체적인 성과를 거두고 있다. 2020년 6월 구독박스 200개를 한정판으로 선보였는데 3시간 만에 완판됐다. 이후 8월 500개, 11월 1,000개 한정 수량도 빠르게 소진됐다. 2021년 1월 22일 롯데홈쇼핑 모바일 라이브 방송에서 3,000개를 1시간 만에 팔았다. 그 후 월간과자를 정기 서비스로 전환했다. 언제든지 구독할 수 있도록 온라인 환경을 구축한 것이다.

구독자의 반응도 좋다. 월간과자는 레트로한 느낌의 박스에 10개 안팎의 과자가 담겨 배송되는데, 구독자 만족도가 높은 편이다. 할인점에서도 경험하기 힘든 가격이기 때문이다.

일본 과자를 전 세계로

월간과자는 현재 우리나라 고객을 대상으로 운영되고 있다. 국산 과자가 해외에서 인기가 있는 만큼 월간과자가 해외로 배송될 날도 머지않았다. 과자에는 국경이 없다. 사람들은 언제나 새로운 맛을 찾는다.

제과업계에서 확고한 존재감을 뽐는 국가는 일본이다. 일본 여행을 다녀온 사람들은 항상 과자를 가방에 넣어온다. 일본은 특유의 장인정신을 바탕으로 차별화된 품질의 과자를 만든다.

도쿄트리트(TOKYOTREAT)는 일본 과자 구독 서비스를 통해 전 세계 고객을 대상으로 과자 구독박스를 판매한다. 구독료는 20달러대와

30달러대로 제법 합리적이다. 클래식 구독박스와 프리미엄 구독박스에는 무려 12개와 17개의 과자, 음료수가 담긴다.

프리미엄 구독박스의 구성은 일본 유명 과자 5개, 여러 과자를 하나로 묶은 파티팩(Party pack)과 애니메 과자(Anime snack, 만화 캐릭터로 꾸며진 포장) 하나씩이다. 다가시(dagashi, 막과자) 3봉지와 일본 캔디 키트 하나는 상자에 일본의 느낌을 배가한다. 구독자에게만 제공하는 특별 스티커도 있다.

구독 모델은 제과업계가 활용하기 매우 좋다. 과자 단가는 낮은 편이고 국가마다 다수 업체가 경쟁하고 있다. 다른 산업에 비해 수출입이 활발하지도 않다. 구독 모델은 제과 기업이 유통기업에 의존하는 경향을 감하고 해외 고객을 직접 만날 기회를 준다. 해외 구독자 규모가 일정 수준을 넘어서면 제과 기업은 현지에 창고를 만들어 더 높은 수익성의 사업 유닛을 만들 수 있다.

틈새를 공략한다

마트에 가보자. 과자 판매대가 엄청 넓다. 사야 할 물건 리스트를 치밀하게 만들어 굳게 결심하고 장을 보러 가도 계산대 위에 올려놓은 카트에는 '반드시' 과자가 있다. 주전부리는 우리의 생활과 떼려야 뗄 수 없는 듯하다.

그런데 호불호가 극명하게 갈리는 제품 또한 과자다. 사람마다 취향이 다르다. 짠 과자를 먹지 않는 사람, 단짠(달고 동시에 짠)의 절묘한 조화를 찾는 사람, 젤리류만 먹는 사람, 몸에 건강한 과자에 매료된 사람까지 과자 종류만큼이나 취향은 파편화되어있다.

내가 좋아하는 종류의 과자를 구독할 수 있다면? 기업은 충성도 높은 구독자를 확보할 수 있을 것이다. 이들은 웬만해선 해지하지 않을 것이다. (과자는 꽤 중독적인 식품이기 때문이다!)

미국의 캔디클럽(Candy Club)은 매월 구독자에게 캔디류를 전한다. 우리가 흔히 아는 젤리가 여기에 포함된다. 놀이공원이나 대형마트 구석에 있는 젤리 숍에서 그램(gram) 단위로 파는 다양한 젤리와 사탕, 초콜릿 등을 작은 단지에 담아 박스를 구성하는 캔디클럽은 매월 구독자에게 달콤함을 선사한다.

미국과 캐나다에서 사업을 전개한 카인드(KIND)는 곡물과 견과로 만들어진 스낵바를 전문적으로 취급한다. 오트밀과 그래놀라도 제품군에 있다. 건강에 해로운 맵고 짜고 너무 단 과자보다 건강한 간식을 찾는 고객을 위한 서비스를 제공한다. 카인드의 제품은 식사 대용으로도 인기가 많다.

유니버셜염스(Universal Yums)는 좀 더 대범한 구독 모델을 운영한다. 매달 특정 국가의 과자를 모아 구독박스에 담는다. 네덜란드, 이탈리아, 러시아, 콜롬비아, 이집트, 태국, 영국, 필리핀, 프랑스, 터키, 한국의 과자가 구독자에게 전달된다. 유니버셜얌스는 앞으로도 국가의 수만큼이나 다채로운 구독박스를 제공할 수 있다. 더불어 향후 음료나 식자재 등 다양한 분야로의 사업 확대도 가능할 것으로 보인다.

어차피 사 먹을 과자를 더 싼 가격에 다양한 종류를 맛볼 수 있다면 어렵지 않게 지갑을 열 것이다. 각 국가에 갇혀있던 셀 수 없이 많은 과자가 구독 모델을 타고 전 세계로 퍼지고 있다. 이것이 가능한 이유는 선주문 시스템이 구독 모델에 녹아있기 때문이다. 수요량을 미리 알 수 있기에 대량의 과자를 익숙하지 않은 국가에 유통하는 위험을 감수할 필요가 없어진 것이다.

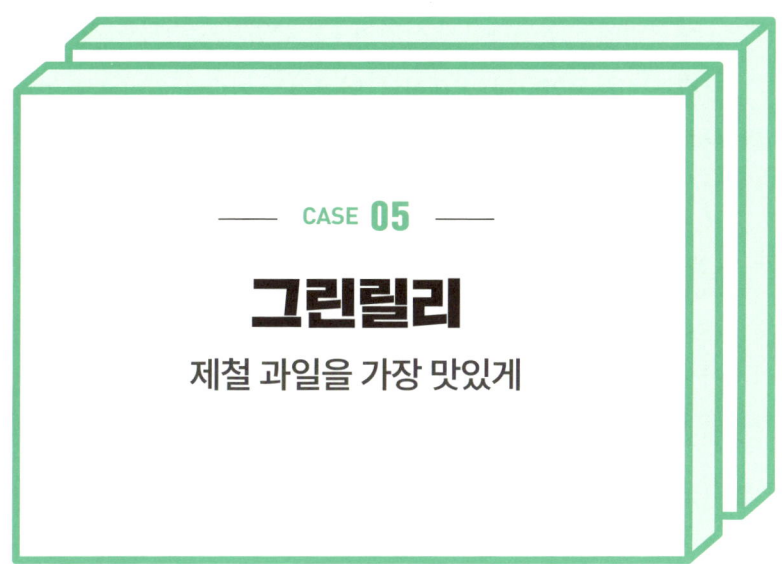

CASE 05
그린릴리
제철 과일을 가장 맛있게

다시, 농업

농업은 1차 산업이다. 이 표현에는 가장 오래된 전통산업이란 의미와 우리 생활에 필수인 산업이라는 의미가 함께 담겨있다. 제조업으로 대변되는 2차 산업이 경제 발전을 주도하면서 1차 산업은 유지하거나 보호해야 하는 산업 취급을 받았다. 그러나 시대는 다시 바뀌었다. 기술이 발전하고 사람들이 환경에 관심을 두면서 농업은 재차 새로운 산업으로 탈바꿈하고 있다. 농업은 기술(Tech)과 합쳐졌다. 농업테크는 4차 산업에 포함된다. 1차 산업이 4차 산업으로 진화한 것이다.

그린랩스는 사물인터넷, 빅데이터, 인공지능 기술을 기반으로 농작물 생산·유통 관리, 판로 연결에 이르는 모든 밸류체인을 IT 솔루션으로 구현하기 위해 집중하고 있다. 2017년 5월 설립된 이 기업은 2만 개 이상의 농가를 회원으로 두고 있으며 2,300억 원 규모의 농산물 생산을 돕고 있다. 작물별 시세와 날씨, 농장 환경 분석 정보를 애플리케이션으로 제공하며 농장 자동화와 하우스 신축에 강점을 보인다.

그린랩스는 2021년 1월 농장 시공 견적을 자동화하는 기술 플랫폼 브이하우스를 인수했다. 브이하우스는 2014년 창업한 러닌이 개발한 플랫폼이다. 그린랩스는 브이하우스 인수로 비닐하우스 설계와 견적 서비스를 본래 서비스인 스마트팜(애플리케이션), 유리온실, 식물공장 등으로 그 영역을 확대해 가고 있다.

구독 모델을 통해 유통에도 진출

2020년, 그린랩스는 고품질 과일을 취급하는 프리미엄 과일 쇼핑몰 '그린릴리'를 구축했다. 몇 가지 제품에 대해선 정기구독 서비스를 제공하고 있다.

요거트 정기구독은 그리스 시장 점유율 1위 브랜드인 파예 그릭 요거트에서 공수해 온 요거트와 다양한 과일로 구성되어 있다. 여기에 그린랩스의 네트워크로 확보한 과일을 더했다. 배송 주기는 일주일이다.

감귤 정기구독도 매력적이다. 감귤은 품종별로 가장 맛있는 시기가 다르다. 12월엔 온주밀감, 1월에는 레드향이 가장 맛있다. 한라봉과 천혜향이 맛있는 시기는 2월과 3월이다. 그린릴리는 산지 상황에 따라 가장 맛있는 제철 감귤류를 선별해 구독자에게 전한다. 일종의 큐레이션이다. 구독자는 매월 다른 과일을 받아 즐기면 된다.

딸기 정기구독은 당일 수확한 딸기를 가장 신선한 상태로 배송하는 데 주안점을 두고 있다. 구독자는 쉽게 맛보기 힘든 상위 10% 품질의 딸기를 받을 수 있다. 딸기도 감귤처럼 품종이 다양하다. 킹스 베리, 금실, 죽향, 담양 딸기 등이 우리나라에서 인기를 끄는 품종이다.

하지만 현재 그린랩스는 '그린릴리' 구독 서비스를 중단한 상태다. 농민과 구매자를 연결해주는 신선 제품 유통 서비스인 '신선하이'라는 플랫폼에 더 집중하고 있다. 농산물 거래 플랫폼이던 신선마켓을 올해 5월 '신선하이'로 리브랜딩하면서 B2B 농산물 판매에 힘쓰고 있다.

과일과 구독

과일과 구독 모델은 궁합이 좋다. 과일은 생산 시기에 따라 맛이 다 다르다. 최고 품질의 과일을 사려고 알아보는 건 시간이 오래 걸린다. 구독 모델은 이런 곤란함을 일시에 해소한다. 유통 단계를 축소해 단위 가격을 낮추고 전문가가 직접 품질 관리를 하기 때문이다. 그리고 농가는 안정적인 수익 창구를 마련할 수 있다.

그러나 과일 구독 모델은 까다로운 사업이기도 하다. 품질 관리가 쉽지 않기 때문이다. 특히 구독자는 양질의 서비스를 기대한다. 구독하지 않아도 동네에서 쉽게 과일을 구할 수 있다. 때론 국내에서 생산되는 특정 과일의 맛이 전반적으로 떨어지기도 하며, 과일 도매가격이 치솟을 때도 있다. 그렇다고 구독자가 기업과 농가의 사정을 이해해 주진 않는다. 구독자는 기업의 안정적인 구독 서비스를 기대한다.

과일은 품종이 같을 순 있어도 개별마다 맛이 다 다르다. 까다로운 구독자를 매월 만족시키기 어려운 이유다. 신선 제품은 생산, 보관, 포장, 배송 등 단계별로 전문적인 관리가 필요하다.

산지와 소비자 사이의 유통 단계를 줄이는 방식의 구독 모델은 앞으로도 계속 등장할 것이다. 이는 그동안 여러 이커머스 플랫폼이 해오던 일이지만, 구독 모델은 생산자와 소비자 사이의 신뢰를 더욱 증진한다. 구독자는 과일과 채소의 생산 방식과 품질 등을 더욱 이해하게 되며 생산자는 단골손님을 위해 더 높은 품질을 추구하게 된다. 특히 생산자는 수요와 공급에 따른 가격 변동에서 오는 스트레스로부터 탈출할 수 있다.

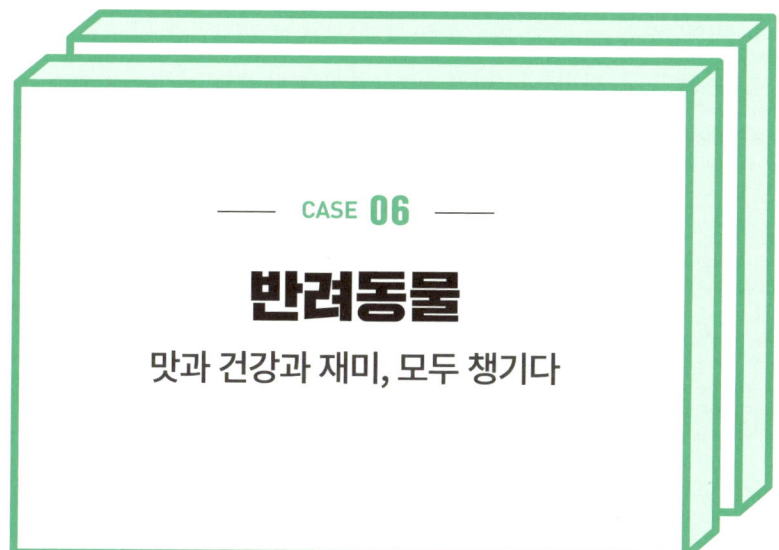

반려동물은 가족이다

반려동물은 바로 옆에 있다. 네 가구 중 하나는 반려동물을 키운다. 통계청에 따르면 반려동물용품의 온라인 쇼핑액은 1조 원을 훌쩍 넘었다. 반려동물 관련 시장 규모는 무려 6조 원에 근접한다. 반려동물이 주제인 콘텐츠는 인기가 높다. 최근엔 반려동물을 키우면서 겪는 어려움을 해결하는 프로그램도 다수 등장했다.

　반려동물을 대하는 마음가짐과 태도도 예전과는 크게 달라졌다. 반려동물에 대해 더 공부하고 습성과 건강에도 세심하게 마음을 쓴다. 반려동물 구독 서비스는 바로 이 지점에서 출발했다. 반려동물을 더 잘 키우고 함께 즐겁게 지내고 싶은 사람은 단순히 제품을 구매해 쓰는 이상의 소비자 경험을 원했다.

월간펫떙은 선택형 정기배송 서비스를 내놓았다. 구독박스 신청에 앞서 반려견의 이름, 견종, 성별, 생일 등의 기본 정보와 몸무게, 중성화 및 알레르기 여부, 피모, 눈, 신장, 다이어트, 소화기, 디톡스 등 정보를 입력해야 한다. 반려견이 여럿이라면 반려견마다 다른 구독박스를 주문할 수 있다. 간식과 용품, 장난감을 박스에 담는데 만약 간식을 빼고 싶다면 간식 미포함을 체크하면 된다.

구독박스는 전문가들의 의견을 반영했다. 선임 수의사와 행동학 자문 수의사, 영양학 자문 수의사, 각 분야 전문가는 매월 반려견에게 필요한 용품을 직접 기획, 제작한다.

월간펫떙은 정기구독을 통해 좋은 제품을 저렴하게 제공하고 있다. 구독 비용은 대략 3, 4만 원대다.

고양이도 있다!

미유파우는 반려견 못지않게 사랑받는 반려묘 사료 정기구독 프로그램을 운영하고 있다. 월간펫떙과 마찬가지로 고양이마다 다른 구독박스를 신청할 수 있다.

미유파우는 여러 선택 단계를 뒀다. 가격대만 선택해 간편하게 신청해도 되고 직접 선택할 수도 있다. 건식형과 습식형, 혼합형 등 사료 타입도 고를 수 있다. 가격대에 따라 베이식, 세미, 프리미엄으로 다시 구성이 나뉜다. 반려묘의 기호를 확인하고자 한다면 소액을 추가해 사료 샘플을 신청할 수 있다. 미유파우는 여기에 반려묘의 필수품인 스크래쳐를 얹혀준다.

미유파우는 '파우박스'도 제공하고 있다. 여러 사료를 교체해 쓴 경험이 있는 고객을 위한 서비스다. 다양한 정보를 수집, 분석해 등록된 반려묘의 조건에 부합하는 최적의 사료를 추천한다.

2021년 3월 베타 오픈한 구독캣은 반려묘 모래 구독 서비스를 선보였다. 모래는 반려묘의 화장실이다. 자주 교체해주어야 하는데 이로 인한 비용은 부담이다. 안전성 문제도 있다. 모래 먼지로 인한 비뇨기질환과 안구질환 등은 집사의 걱정거리가 된다.

구독캣은 품질을 높이는 데 집중했다. 에어샤워공법으로 23회 이상 모래 먼지를 제거했다. 참나무 활성탄을 활용해 탈취 효과와 제습 효과를 높였고, 고객의 요구에 맞는 자체 프리미엄 고양이 화장실 '샌드100'을 개발했다.

샌드100을 통해 초기 구독자를 모집한 후 제품을 다양화할 계획이다. 구독 서비스 고도화도 염두에 두고 있다. 고객 구매 패턴 데이터를 활용해 개인 맞춤형 구독 서비스를 제공하는 것이다.

　미국에 등장한 흥미로운 서비스가 있다. 콩박스(KONG BOX)다. 음식이 아닌 장난감에 집중하는 업체다. 이 구독 모델도 짧은 설문을 거치게 되어있다. 반려견 이름과 생일이 언제인지 입력하고 반려견의 크기와 나이를 선택한다. 씹기, 땅 파기, 짖기, 분리불안, 지루함, 체중 조절 등 반려견 특징 활동 8가지 중 하나를 택하는 카테고리도 있다.

　이렇게 수집한 정보를 바탕으로 구독박스를 구성한다. 3개의 장난감과 3개의 간식, 레시피 카드와 훈련 팁이 담겨있다. 75달러 정도의 가치가 있는 박스를 월 39.95달러에 제공하고 있다.

　콩은 사실 오래된 회사다. 구독 모델은 신사업인 셈이다. 1970년 이후 다양한 반려견 장난감을 제조해온 이 산업의 터줏대감이다. 오랜 사업 비결과 고품질 제품을 판매하던 콩은 구독 모델을 통해 고객에게 더 높은 수준의 서비스를 제공하게 된 것이다.

반려동물의 건강까지 챙기자

반려동물 AI 헬스케어 솔루션 업체인 알파도펫은 반려동물의 건강과 질병에 대한 개별 맞춤 데이터 분석을 기반으로 한 구독 모델을 서비스한다. 스캐너와 소변 자가검사키트로 눈, 치아, 귀, 소변 검사하고 그 데이터를 분석해 고객에게 최적화된 맞춤 구독 서비스를 제공한다. 약용 샴푸, 귀 세정제, 눈 세정제, 여러 기능성 제품을 고객에게 보내준다.

반려동물을 키우는 사람은 앞으로 더 많아질 것이다. 미국의 경우 세 가구 중 하나가 반려동물을 키우고 있었다. 우리나라도 두 가구 중 한 가구가 반려동물을 키울 때까지 이 시장은 빠르게 성장할 것이다. 반려동물의 행복에도 더 관심이 높아질 것이다. 반려동물의 식사, 놀이, 건강 등은 키우는 사람들의 최우선 관심사가 돼가고 있다. 자기 반려동물에게 최적화된 서비스를 계속 찾을 것이며 이 같은 변화에 따라 반려동물에 대한 제품, 서비스를 구독하는 일도 더 잦을 것이다.

— CASE 07 —

스티치픽스
옷을 가장 편하게 사는 방법

온라인의 한계

의류는 이커머스 산업에서 매우 큰 비중을 차지한다. 의류 판매만을 위한 플랫폼이 나타난 배경이기도 하다. 무신사, 지그재그, 에이블리 등은 패션 카테고리에서 쿠팡과 네이버 등 거대 IT 기업과 경쟁하며 존재감을 드러냈다. 세기 불가능할 정도로 다양한 디자인과 사이즈, 매우 빠른 속도로 변하는 트렌드까지…, 의류 산업은 활력이 넘쳐난다.

고객은 패션 플랫폼에서 점점 더 많은 의류를 사고 있다. 그러나 오프라인 매장과는 확연하게 다른 경험을 하게 된다. 과거에 고객은 매장에서 입어 보고 살지 말지를 결정했다. 온라인 고객은 이미지와 후기만 보고 구매 여부를 결정한다. 착용 여부는 의류 구매에 결정적인 영향을 미친다. 온라인으로 구매했을 시 훨씬 높은 비율로 환불한다. 의류를 산 이후 반품하는 일은 일상이 되었고 쇼핑몰은 반송 택배비를 고객 대신 부담하면서 자기들의 플랫폼에 지속해서 머물도록 유도했다.

스티치픽스의 등장

스티치픽스(STITCH FIX)는 완전히 새로운 방식의 비즈니스 모델을 고안했다. 먼저 이 특별한 회사의 시작부터 알아보자.

 2011년 설립 당시 기업명은 랙해빗(Rack Habit)이었다. 창업자 카트리나 레이크(Katrina Lake)는 스탠퍼드대학교를 졸업한 후 폴리보어(Polyvore)와 더파르테논그룹(The Parthenon Group)에서 일했다. 폴리보어는 소셜 쇼핑 플랫폼으로 지난 2015년 야후가 인수한 기업이다. 그는 두 회사에서 쇼핑과 컨설팅 노하우를 쌓았다. 하버드비즈니스스쿨(Harvard Business School)에서 공부하며 스티치픽스의 초기 비즈니스 모델을 구축했다.

 레이크는 설문조사 툴인 서베이몽키(Survey Monkey)를 활용해 사업 모델의 가능성을 타진했다. 직접 자료를 수집하고 고객에게 제품을 배송했다. 사업 모델이 구동됨을 파악한 그는 전문가를 영입하며 사업을 확장했다.

개인화된 제품을 고객에게 큐레이션 하는 스티치픽스는 여느 유사 플랫폼과 마찬가지로 간단한 퀴즈를 통해 성향을 조사해 쇼핑을 자주 하는지, 시간을 얼마나 할애하는지, 최신 트렌드에 얼마큼 신경 쓰는지, 어떤 스타일을 좋아하는지 파악한다. 이후 고객 취향에 따라 선정한 5개 아이템을 박스에 담는다. 고객은 3일 이내에 원하는 아이템만 골라 구매하면 된다. 사고 싶지 않은 건 반품한다(반품 비용은 무료). 5개를 모두 구매하면 25% 할인해준다. 이 과정에서 고객은 스티치픽스에 20달러의 퍼스널 스타일 서비스 수수료를 내게 된다.

다른 구독 모델과의 가장 큰 차이점은 구독료가 없다는 것이다. 아이템이 마음에 들지 않으면 전부 반품하면 된다. 이러한 수익 구조는 스티치픽스의 자신감을 보여준다. 고객으로서도 진입장벽이 낮아 서비스를 이용하는 데 거부감이 덜하다. 규모의 경제를 이룬 스티치픽스는 오프라인 매장 없이 거대한 고객군을 확보했다.

영업조직이 없는 온라인 방문판매 비즈니스 모델을 만든 셈이다. 이 새로운 기업은 1,000개가 넘는 브랜드와 제휴를 맺었다. 고객은 자신만의 코디네이터를 둔 것 같은 경험을 하게 된다. 매달 스티치픽스의 박스를 받아볼 필요는 없다. 매달, 두 달에 한 번, 석 달에 한 번 중에서 배송 주기를 설정할 수 있다.

시총 76억 달러 돌파한 스티치픽스

별도로 월 구독료를 받지 않은 스티치픽스는 구매율을 높여야 하는 처지에 있다. 여기에는 두 가지 핵심 요소가 있다. 첫째, 고객이 마음에 들 만한 디자인을 골라야 한다. 둘째, 고객이 아이템에 들일 예산 범위를 파악해야 한다. 이 둘의 교차점에서 고객은 돈을 쓰게 될 것이다.

스티치픽스는 이 목표를 탁월하게 수행하고 있다. 2021년 회계연도 1분기 매출은 4억 9,040만 달러다. 고객 수도 지난해보다 10% 증가한 376만 3,000명이다. 나스닥에 상장된 스티치픽스의 시가총액은 76억 달러(2021년 3월 기준)를 넘어섰다.

스티치픽스는 기술의 진보를 십분 활용해 의류 유통의 새로운 방식을 창조했다. 인공지능(AI) 기술은 고객 맞춤형 아이템을 선별하는 데 쓰인다. 개인화된 박스 구성에는 진보된 분류, 유통 기술이 접목된다. 유형의 제품과 유통 네트워크가 IT 기술과 만나 고객의 편의를 극도로 높인 비즈니스 모델이 된 것이다.

2020년, 스티치픽스는 코로나로 인해 더욱 빠르게 성장했다. 비대면 쇼핑은 제한된 대면 거래의 한계를 가뿐히 뛰어넘었다. 길거리에는 빈 가게가 늘었지만, 스티치픽스의 창고는 어느 때보다 붐볐다.

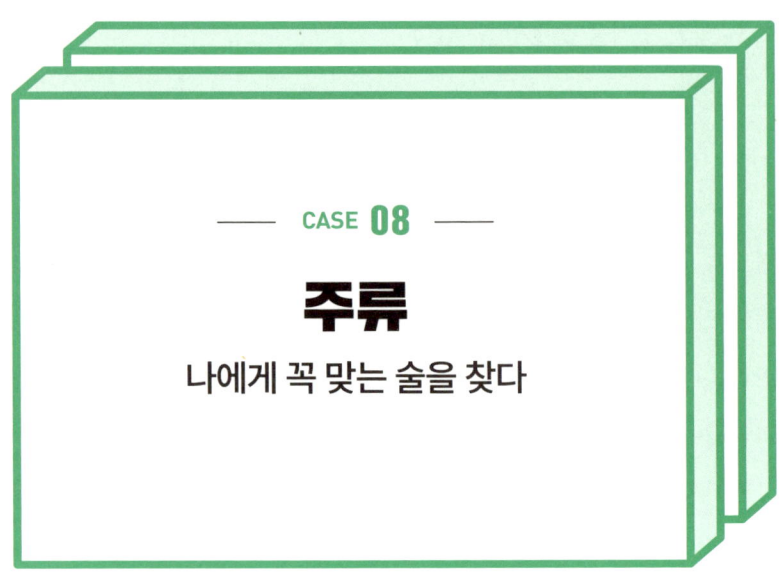

CASE 08

주류
나에게 꼭 맞는 술을 찾다

 코로나19가 전 세계를 덮치자 사람들은 최대한 접촉을 피했다. 비대면 활동은 늘었고 외식 문화도 바뀌었다. 주점은 일찍 문을 닫았고 회식 빈도는 크게 줄었다. 안전하고 아늑한 집에서 마스크를 벗고 즐기는 '혼술 문화'가 빠르게 확산했다.

 팬데믹 기간에 바깥보다 집에서, 여럿보다 혼자, 취하기보단 즐기는 술 문화가 정착됐다. 빠르게 바뀐 술 문화 속에서 술 구독 서비스가 안 등장할 리 없다.

이제 취미 생활이 된 술

과거에 술은 사람들과 친분을 쌓기 위해, 진솔한 이야기를 나누기 위한 매개체였다. 하지만 지금은 패션이나 취미처럼 자신을 표현하는 문화가 되었다. 음식, 기분, 환경에 맞는 술을 선택하고 '술 자체를 즐기려는' 방향으로 바뀌었다.

술을 즐기려는 문화는 고급술에 대한 장벽도 낮췄다. 특히 고급스러운 이미지의 와인 수요가 높아졌다. 대중의 인기를 얻은 와인은 종류도 다양해졌다. 기본적으로 알고 있는 레드 와인, 화이트 와인 외에도 옅은 핑크빛으로 여성들에게 인기 있는 로제 와인부터 혼자서도 간편하게 먹을 수 있는 캔 와인까지 신제품이 끊임없이 나왔다. 구독 서비스는 이러한 와인들을 합리적인 가격에 제공한다.

윙크(Winc)는 소믈리에인 브라이언 스미스를 포함한 4명의 기업가가 2012년 '클럽 W'라는 이름으로 시작한 와인 구독 서비스다. 기존의 전통적인 와인 제조사와는 달리 와인이 대중에게 접근하기 쉬워야 한다고 생각했다. '와인을 간단하게 구할 수 있고 더 쉽게 즐길 수 있게'가 클럽 W의 목표였다. 이들은 소비자들이 소믈리에급의 지식 없이도 와인의 훌륭한 맛을 감상할 수 있을 방법을 모색했다. 그 결과, 소셜 미디어가 주도하는 새로운 음주 문화인 '클럽 W'를 론칭하게 되었다.

소비자들의 취향을 저격하다

클럽 W는 소비자의 취향에 집중, 개인별 맞춤화된 와인을 제공하는 서비스를 표방했다. 소비자들의 취향은 설문조사로 파악했다. 커피 취향, 좋아하는 과일, 음식 등 주로 어떤 맛을 좋아하는지 조사한다. 이를 바탕으로 구독자가 먹어볼 만한 와인을 추천한다. 유기농, 저당 등 다소 특별할 수 있는 음식 선호도를 보인 사람이나 식단이 제한된 사람도 먹을 수 있는 와인을 소개한다는 점도 클럽 W의 매력이다.

클럽 W는 맞춤형 와인 판매로 사업 시작 6개월 만에 1만 명 구독자를 확보했다. 하지만 비슷한 서비스가 우후죽순 생겨났고 기업 간 경쟁도 심화했다. 클럽 W는 상승세가 주춤하자 차별화 전략을 모색했다. 자체 제작 와인을 판매하기로 한 것이다.

와인 제조를 시작하면서 2016년 '윙크(Winc)'로 리브랜딩 했다. 윙크는 양조장을 사서 자체 제조설비를 구축했다. 이 상품들은 윙크가 독점적으로 판매했다. 와인을 소싱, 병입, 라벨링 및 유통까지 하면서 올라운드 플레이어로 성장한 것이다. 독보적인 와인 서비스를 제공한 덕에 매출도 크게 올랐다. 리브랜딩 한 지 1년 만에 매출은 전년 대비 33%나 성장했다.

소비자들은 윙크가 매달 배달하는 와인을 통해 자신의 취향을 파악했고 더 꾸준히 윙크를 이용했다. 윙크 구독자가 늘수록 대중의 요구(needs)는 자료화되어 점점 쌓여갔다. 이는 와인을 생산, 판매하는 사업을 더 확장하는 데 도움이 됐다. 윙크는 그렇게 미국의 대표적 와인 구독 서비스로 성장했다.

우리나라는 전통주다!

미국에서 와인 구독 서비스가 흥행했다면 우리나라에서는 전통주 구독 서비스가 인기다. 대표적 전통주 구독 서비스인 '술담화'는 한 달에 1번, 테마별로 구성한 술을 배송한다. 전국 1,200곳 이상의 양조장에 있는 전통주 중 소믈리에가 선정한 이달의 술 2~4병과 간단한 안주가 든 '담화박스'를 제공한다. 양조장을 방문하여 세세하게 품질 관리하고 전문 소믈리에들이 매월 블라인드 테스트해 선별한 술만 다룬다. 안주는 전통주와 잘 어울리는 우리 농산물로 만든 미역부각, 황태 쥐포, 말린 밤 등이 있다.

술을 더 맛있게 즐길 수 있도록 큐레이션 카드도 제공한다. 카드에는 보관법, 음용 온도, 추천 안주 페어링, 향미 그래프 등 술과 관련된 지식이 요약되어 있다.

구독 모델은 전통주와 잘 맞아떨어졌다. 우리나라는 주세법에 따라 주류 온라인 판매가 금지되어 있다. 하지만 전통주는 국내 농산물 소비 촉진과 농가 육성을 명목으로 인터넷에서 살 수 있다. 다른 술과는 달리 온라인에서 쉽게 구할 수 있으면서 흔하게 먹지 못하는 특별한 제품이라는 것이 소비자의 마음을 사로잡았다.

지금껏 전통주는 판매경로가 별로 없었고 홍보 능력도 부족했다. 구독 서비스는 침체했던 전통주 산업에 활기를 불어넣었다. 전통주에 대한 낮은 소비자 경험치를 끌어올리고 브랜드 인지도를 높였다. 취향 소비를 지향하는 MZ 세대에게도 큰 인기를 끌었다. 11번가, GS 등 온라인 유통업체에 따르면 2021년 전통주 판매량은 전년 대비 평균 2배 이상 증가했다.

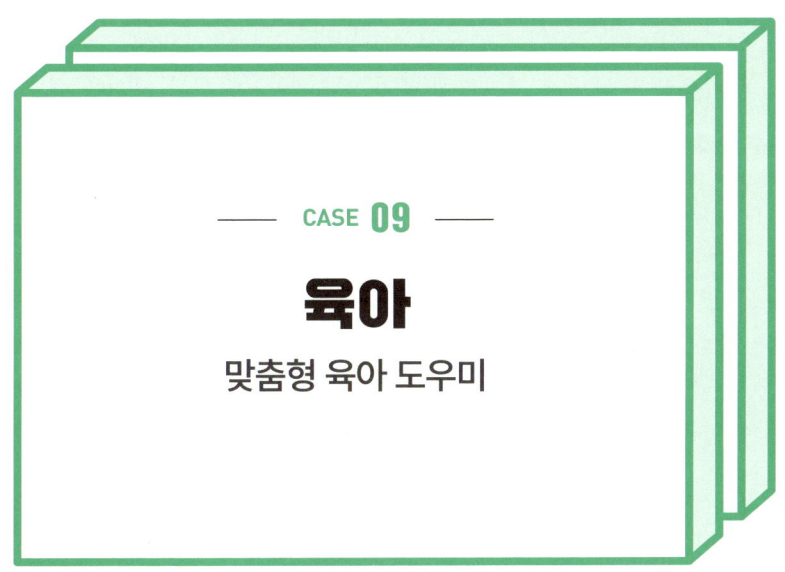

CASE 09
육아
맞춤형 육아 도우미

빠르게 성장하는 아이들

아이들의 성장은 빠르다. 태어난 지 1년도 안 돼서 걷기 시작한다. 분유가 아닌 이유식을 먹기 시작하고 말을 배우고 대소변을 가린다. 아이의 성장 속도에 발맞춰 필요한 용품들도 바꿔야 한다.

  과거의 부모는 물려주는 문화에 익숙했다. 다른 집 아이가 쓴 물건을 물려받고 필요 없어지면 어린아이를 둔 다른 가정에 다시 물려주었다. 보통 1, 2년 지나면 아기용품을 바꿔야 하기 때문에 서로 물려

주거나 중고 제품을 사는 식으로 조금이라도 비용을 아꼈다.

　육아용품은 아이가 성장함에 따라 계속 새롭게 사야 하기에 때 지난 상품은 수요 대상이 아니다. 이에 육아 구독 서비스는 부모들의 주목을 받았다. 필요할 때마다 새롭게 육아용품을 사야 하는 번거로움을 덜어줄 것 같았기 때문이다. 육아 구독 서비스는 신경 쓰지 않아도 제품과 서비스를 때맞춰 제공해 줌으로써 육아하느라 고달픈 부모들을 크게 도와줄 수 있었다.

　아이를 위한 제품은 대체로 저렴하지 않다. 하지만 아이에게 가장 좋은 경험과 교육을 제공하고 싶은 건 부모라면 당연하다. 지갑 사정을 헤아려야 하는 부모들을 위한 서비스가 바로 육아 구독이다.

아이의 성장을 돕는 '놀이'

아이들은 자기 수준에 맞는 놀이를 하고 교육받아야 한다. 영유아기의 성장 발달 과정을 함께하는 것을 목표로 월령별 맞춤형 놀이를 제공하는 구독 서비스가 바로 손오공이다.

　손오공은 알다시피 완구 전문 기업이다. 아이를 위한 놀이 용품뿐만 아니라 어른도 즐길 수 있는 키덜트까지 다채로운 제품을 선보였다. 대형 유통채널도 있어 온라인을 통해 각지에 배달할 수 있는 네트워크도 갖췄다.

손오공의 '레벨업 박스'는 신생아부터 만 두 돌까지 아이의 성장과 발달 단계에 적합한 육아 제품을 선별해서 보내준다. 구독 종류에는 '프리미엄 레벨업 박스'와 '스탠다드 레벨업 박스' 등이 있다. 3개월 주기로 6회에 걸쳐 배송된다. 0~3개월 아기를 위한 감각 발달 프로그램부터 소근육, 대근육, 언어, 창의력, 공감력 발달까지 아기 성장 과정에 맞는 단계별 놀이 도구가 포함되어 있다.

특히 국민 육아템으로 유명한 피아노 아기 체육관, 클래식 러닝홈, 러닝 푸드트럭, 테디허그 아기 리클라이너 등도 이 '레벨업 박스'에 포함되어 있다. 유명한 제품을 큰돈 주고 살 필요 없이 구독 한 번으로 받아 볼 수 있다는 것은 매력적이다.

고퀄리티 교육도 구독 서비스를 통해

미국에는 코딩 같은 어려운 교육을 아이들이 쉽게 배울 수 있게 하는 구독 서비스도 있다. 바로 비츠박스(Bitsbox)다. 구글 출신 프로그래머 2명이 개발한 어린이 학습용 프로그래밍 키트다.

비츠박스를 개발한 인물은 에이단 초프라(Aidan chopra)와 스콧 라이닝거(Scott Lininger)다. 구글에서 근무할 때 만난 이들은 자녀들에게 프로그래밍을 알려주곤 했는데 아이들은 금세 흥미를 잃어버렸다. 흥미를 잃어버리는 가장 큰 원인을 지루함으로 본 그들은 재미있는 교육 콘텐츠로 비츠박스를 개발했다.

비츠박스는 게임과 비슷하다. 캐릭터가 등장하고, 매월 새로운 과제를 줘 도전할 수 있게끔 한다. 매달 새로운 콘텐츠를 제공해 학생의 흥미와 집중도를 높인다. 아이들은 비츠박스를 통해 앱을 직접 코딩하면서 창의력을 키울 수 있다.

컴퓨터, 과학 분야는 어른들도 어려워한다. 비츠박스는 어릴 때 이런 분야에 쉽게 접근하면 커서는 어려움이 덜할 것으로 생각했다. 현재 비츠박스는 콜로라도 학교와 협력해 학교에서 사용할 수 있는 방법을 연구하고 있다.

교육 콘텐츠의 구독 서비스화는 국내에서 이미 대중화됐다. 돈 내고 인터넷 강의를 들어본 적 있다면 공감할 것이다. 우리나라의 교육은 넷플릭스와 비슷하다. 일정 요금을 내고 듣고 싶은 강의를 자유롭게 들을 수 있는 플랫폼이 많다. 시공간에 제약받지 않는다는 점에서 교육 구독 서비스는 매력적이다. 디지털에 익숙한 요즘 세대에게 적합한 교육이기도 하다. 교육 콘텐츠를 제공하는 기업들도 인력과 기타 비용이 절감되기 때문에 구독제를 선호한다. 앞으로 교육 구독은 더욱 확대될 것이다.

최상급 이유식을 간편하게

아이에게 먹을거리는 교육만큼이나 중요하다. 영유아는 먹을 수 있는 것이 제한되어 있다. 너무 짠 것도 매운 것도 안 된다. 아이에게 완벽한 영양을 주면서 성장에 도움이 되는 음식이 없을까 부모는 늘 고민한다. 하지만 아기들은 먹는 양이 적다. 그러다 보니 메뉴를 계속 바꿔가며 만들어주기 쉽지 않다. 이 고민을 덜어주는 게 바로 영유아 식품 전문 기업인 바베쿡의 이유식 구독 서비스다.

바베쿡은 이유식 업체 중 가장 많은 레시피를 보유하고 있다. 그들은 신뢰에 집중했다. 유기농, 무농약, 무항생제, 국산 식자재만 사용하며 당일 생산, 당일 배송이 원칙이다. 식자재 원산지 및 제조원 정보를 명기하기에 부모들은 안심하고 아이에게 먹일 수 있다.

육아와 관련된 것들은 더 많이 구독 서비스화될 것으로 보인다. 맞벌이 세대가 증가하는 요즘, 육아의 수고를 조금이라도 덜 수 있는 서비스들이 크게 주목받기 때문이다. 또한, 아기를 키운다는 것은 누구나 처음이고 생소하다. 육아 구독 서비스는 전문가의 손길이 들어간, 전문가가 선택한 제품을 합리적인 가격에 제공한다. 부모들에게 많은 사랑을 받는 이유다.

4장
서비스 구독

현재 자신이 추구하는 방법보다 더 좋은 방법이 항상 있을 수
있다는 열린 마음을 가져라.

_ 브라이언 트레이시

Intro
반복되는 일에서 떠나고 싶은 마음

아웃소싱(outsourcing)은 기업 업무의 프로세스 일부를 제삼자에게 위탁하는 것이다. 기업은 이를 통해 경영 효율을 극대화한다. 어떤 기업이 생존하는지 곰곰이 생각해 보자. 기업 규모와 무관하게 모든 기업은 한정된 자원만 갖고 있다. 이 한정된 자원을 얼마나 효율적으로 활용하는지가 기업 경쟁력을 가른다. 자원은 넓은 범위에서 인력, 자본, 부동산, 기술 등을 아우른다.

기업은 핵심 사업에 집중하기 위해 잡무를 아웃소싱하기 시작했다.

효율성을 높이기 위함이다. 청소와 보안을 시작으로 기업의 많은 업무가 외부에 맡겨졌다. 일반적으로 임시적, 단기적, 반복적 업무가 아웃소싱 대상이 됐다.

우리의 일상에서도 임시적, 단기적, 반복적으로 해야 하는 일이 많다. 요리, 청소, 세탁이 대표적이다. 매일 옷을 고르는 일도 마찬가지다. 그뿐만 아니라 여행이나 이사처럼 이벤트성으로 발생하는 일도 있다.

우리의 자원도 기업과 마찬가지로 한정되어 있다. 단순하게 정리해 보자. 노동과 시간 그리고 돈. 우리는 이 세 자원을 이리저리 적절하게 배치하기 위해 노력한다. 노동과 시간을 들이면 돈을 아낄 수 있다. 반대로 돈을 쓰면 시간을 단축하거나 노동을 줄여 내가 하고 싶은 일에 힘을 쏟을 수 있다. 무엇을 우리의 '핵심 사업'으로 둘 것인지, 무엇을 아웃소싱할 것인지 구분하는 게 관건이다.

누군가에게 요리는 즐거움이자 놀이일 수 있다. 누군가에게 청소는 하루를 마무리하는 의식일지도 모른다. 또 누군가는 요리와 청소를 끔찍이 싫어할 것이다. 시간 혹은 노동력 낭비라고 생각할 수도 있다. 따라서 이들은 누가 대신해준다면 기꺼이 돈을 낼 의향이 있다.

아웃소싱 구독 모델은 사업 범위를 빠르게 확장하고 있다. 구독 모델에 아이디어가 더해지면서 더 효율적이고 비용절감적인 서비스로 진화하는 셈이다.

런드리고는 서비스를 위한 빨래 수거함을 제공하며, 서프에어는 항공 서비스 구독이라는 신선한 아이디어로 출사표를 던졌다. 원메디컬은 미국의 불편한 의료 서비스를 획기적으로 보완할 수 있는 인프라를 구축해 단숨에 구독자를 끌어모았다. 수퍼는 집을 관리해줄 뿐만 아니라 수리까지 해준다. 키드픽은 부모와 자녀 사이의 옷 고르기 갈등을 없애 줬고, 레저 미는 언제든 훌쩍 여행을 떠날 수 있도록 일종의 자유 이용권을 끊어주었다.

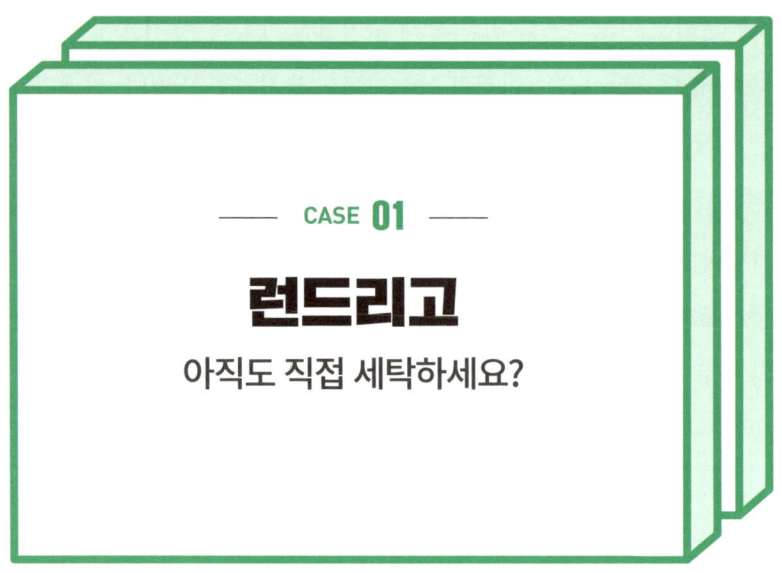

CASE 01
런드리고
아직도 직접 세탁하세요?

너무도 귀찮은 일

요리, 청소, 세탁은 대표적인 집안일이다. 일상적인 생활을 영위하는 데 필수지만, 최근에는 집안일을 아웃소싱(outsourcing)하는 경우가 급격히 증가하고 있다. 맞벌이가 대세가 되고 1인 가구도 심심찮게 찾아볼 수 있게 되었기 때문이다. 게다가 기술이 빠르게 발전하며 아웃소싱을 더욱 쉽게 했다. 집에서 요리하는 대신 배달 음식이나 밀키트를 활용하는 것은 이제 대중적으로 되었다. 청소와 세탁 아웃소싱은 비교적 천천히 진행됐지만, 다양한 비즈니스 모델이 등장하면서 변화가 가속화되고 있다.

세탁 산업은 세탁기와 건조기를 빼고 이야기할 수 없다. 두 가전기기의 국내 시장 규모는 연간 150만 대에서 200만 대 수준으로 크다. 삼성전자와 LG전자는 매년 다양한 기능을 추가한 신제품을 출시하고 있다. 탁월한 성능을 자랑하는 국내 대기업의 세탁기와 건조기는 세계 시장에서도 좋은 실적을 거두었다.

세탁 가전의 좋은 선택지를 들고 있음에도 셀프빨래방 시장 역시 급성장하고 있다. 고가의 세탁기를 사기 부담스럽거나 굳이 세탁기를 집 안에 두고 싶지 않은 사람들이 늘어나며 저렴하고 간편한 셀프빨래방의 인기가 높아진 것이다. 특히 세탁물이 많지 않은 1인 가구는 그때그때 필요할 때마다 집 근처 빨래방을 이용하는 편이 효율적이다.

그런데도 세탁은 번거로운 일이다. 분류하고, 세탁기를 가동하고, 빨래를 건조한 뒤 정리해야 한다. 가구 규모와 무관하게 각자의 불편함이 있다.

빨래는 우리가 맡는다

'빨래 없는 생활'을 외치는 런드리고는 셀프빨래방에서 더 나아가 세탁에 신경 쓰지 않아도 되는 일상을 그렸다. 이 목표를 위해 여러 단계를 나누어 고객 맞춤형 서비스를 구축했다.

고객은 월정액과 자유 이용 서비스 중 하나를 택할 수 있다. 이중 월정액 서비스가 구독 모델이다. 서비스를 신청하면 고객에게 10만 원 상당의 빨래 수거함을 무상 임대한다. 이 수거함이 런드리고와 고객 사이의 중간 지점이다.

여기에 더해 도난 방지 안심 고리를 제공한다. 고리는 현관 손잡이와 빨래 수거함을 연결한다. 수거함은 스마트키로만 여닫을 수 있다. 고객은 문 앞에 빨래를 넣은 수거함을 내놓은 후 수거요청 버튼을 누른다. 그러면 배송 팀이 찾아와 세탁물을 가져간다.

런드리고는 고객이 아무 때나 세탁물을 내놓을 수 있는 환경을 갖추는 데 초점을 맞췄다. 시간적 제약을 없애 고객이 신경 쓸 거리를 없애버린 것이다. 이게 서비스형 구독경제 모델의 핵심이다. 완전한 아웃소싱은 고객이 서비스를 오래 이용하는 가장 큰 이유이기 때문이다.

런드리고는 빨래를 가져가서 어떻게 처리할까? 우선 의류를 색상별로 분류하고 검수한 후 세탁한다. 세탁을 마친 뒤 다음 날 자정까지 고객의 집 대문 앞에 되돌려놓는다.

런드리고를 운영하는 회사는 의식주컴퍼니다. 회사 이름에서 느낄 수 있듯 의식주 산업의 문제점을 파악하고 해결하는 것을 목표로 삼았다. 비대면 모바일 세탁 서비스인 런드리고는 그 첫 사례인 셈이다.

의식주컴퍼니는 2019년과 2020년 각각 65억 원과 170억 원의 투자를 유치했다. 알토스벤처스, 하나벤처스, 한국투자파트너스, 아주IB투자, 삼성벤처투자 등 국내 유명 벤처캐피털이 참여했다. 투자사는 런드리고 서비스가 론칭 이후 월평균 30%씩 성장하는 모습과 비대면 서비스에 적용되는 기술력 등에 주목한 것으로 알려졌다. 투자에 참여한 한국투자파트너스의 김근호 이사는 한 매체와의 인터뷰에서 "국내 세탁시장은 약 4조 5,000억 원 규모로 시장의 99%가 오프라인 기반이지만, 이용자 편의성이 높은 모바일 세탁 서비스로 빠른 전환이 이루어질 것으로 예상한다"라고 밝혔다. 그는 "런드리고는 자체 스마트팩토리와 시스템 고도화를 지속해서 준비해왔기 때문에 이 시장을 주도할 것으로 확신해 투자를 결정했다"라고 덧붙였다.

2020년 투자 유치 당시 조성우 의식주컴퍼니 대표는 "세탁 퀄리티, 앱 사용성 개선 등 고객 경험 향상에 집중하고, 세계 최초로 개발 중인 세탁물 자동 출고 시스템의 완성도를 높여갈 계획"이라고 강조했다.

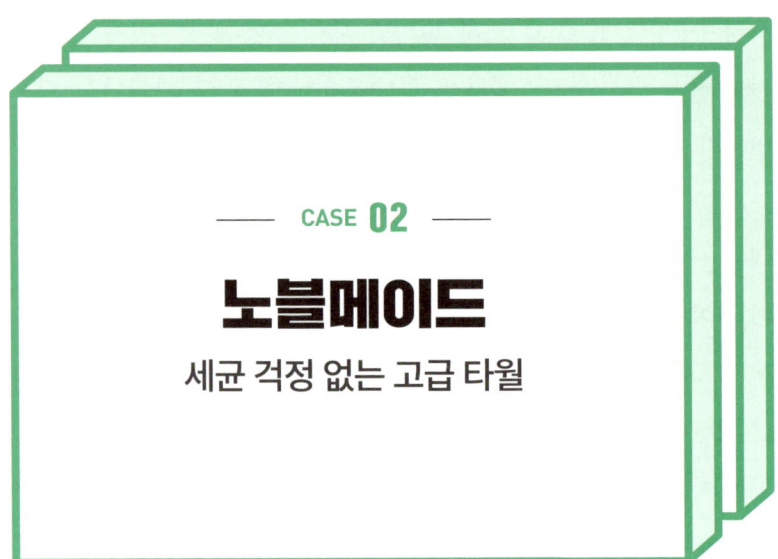

CASE 02
노블메이드
세균 걱정 없는 고급 타월

생각보다 짧은 교체 주기

하루에도 몇 번씩 쓰는 제품의 수는 그리 많지 않다. 많이 쓰고 교체하지만, 별로 중요하게 생각 안 하는 것 중 하나가 바로 타월이다. 전 세계 누구나 쓰는 공통 제품인데도 말이다.

마켓워치(Market Watch) 보고서에 따르면 2019년 타월 시장 규모는 98억 2,000만 달러(11조 7,400억)다. 이 규모는 매년 6.2%씩 성장해 2024년 141억 달러(16조 8,600억)까지 갈 것으로 예상한다.

타월은 저가와 고가 제품군으로 명확히 나뉜다. 대중적으로 사용되는 저가형 타월과 고급 호텔에서 쓰이는 고가형 타월은 사용감에서 큰 차이가 있다. 소득이 일정 수준을 넘는 사람은 타월의 질에도 신경 쓰는 것으로 나타났다. 면적, 무게, 성분 등을 기준으로 질이 나뉜다. 만 원 이하부터 수십만 원까지 가격대도 다양하다.

흔히 사용하는 타월에는 교체 주기가 있다. 수명은 대략 1, 2년. 자주 사용할 경우 수개월로 줄어든다. 전문가들은 타월 상태를 최상으로 유지하려면 한두 달마다 교체할 것을 권한다. 오래된 타월의 코마사 끝은 날카롭고 딱딱하게 변한다. 이렇게 변한 타월은 피부 표면에 상처를 낸다. 세균이 번식할 가능성이 크기에 알레르기나 피부 트러블의 원인이 되기도 한다. 물기 흡수력도 떨어진다.

타월 관리법은 생각보다 까다롭다. 새로 산 타월은 몇 차례 단독으로 세탁해야 한다. 공장에서 타월을 만들 때 남아있는 직물의 잔사 때문이다. 적정 물 온도(60~90도)를 유지해야 하고 표백제나 섬유유연제를 사용해선 안 된다. 섬유유연제를 사용하면 원단이 코팅되어 흡수력이 떨어지기 때문이다. 세탁 후 건조에도 신경 써야 한다. 전문가들은 건조기를 권한다.

이 관리법은 알만한 사람은 다 알지만, 실천하는 사람은 많지 않다. 거의 매일 세탁해야 하는 타월에 이런 수고를 들인다는 게 부담스럽기 때문이다.

호텔에서의 경험을 집에서

여행 갔을 때 안락함을 느끼는 몇 가지 포인트가 있다. 깔끔하게 정리된 침대와 머리카락 하나 없는 바닥, 도톰하고 하얀 타월이다. 특히 크고 부드러운 타월은 제대로 대접받는다고 느끼게 한다. 호텔에서 판매하는 타월을 사는 이유도 이러한 경험에서 비롯된다.

노블메이드는 타월에 집중한 스타트업이다. 매주 전문적으로 세탁한 깨끗하고 좋은 품질의 타월을 고객의 집까지 배송한다. 매번 다섯 개의 타월을 쓰고 싶다면 49,000원짜리 구독 서비스를 신청하면 된다. 타월 개수와 목욕 타월 및 로브 등을 추가한 구독 서비스도 있다. 가장 고가의 프로그램은 4주 기준 219,000원이다.

이 서비스의 핵심 가치는 고품질의 깨끗한 타월이다. 이를 위해 타월 관리 단계를 세분화했다. 회수한 타월은 60도 이상의 물로 1차 세탁한다. 이후 오염도에 따라 타월을 분리한 후 오염이 남은 수건은 한 번 더 세탁한다. 그래도 오염이 안 없어지면 드라이클리닝 한다. 끝내 오염이 안 사라지면 폐기한다. 이런 절차를 거친 타월은 건조기로 들어가는데, 이 단계를 거치며 표면이 거칠어진 타월도 폐기한다.

노블메이드는 집에서 호텔 서비스를 받고 있다는 만족감을 주기 위해 타월 등 기본 구성품에 더해 호텔 어메니티(amenity)도 함께 배송한다. 소비자 만족도는 높은 편이다. 특히 바쁜 일상을 보내는 직장인과 맞벌이 부부는 신경 쓸 거리를 하나 줄이고 여유를 확보할 수 있어서 반기고 있다.

고객층을 넓혀라

노블메이드의 대상층은 명확하다. 깨끗한 타월을 위해 5~10만 원 정도를 기꺼이 낼 수 있는 사람들이다. 상당한 소득 수준을 갖춘 소비자라 할 수 있다. 5년 전만 해도 구독경제는 낯설었다. 그러나 이제는 다양한 분야에서 수많은 아이템이 구독경제를 테스트하고 있다.

명확한 교체 주기와 까다로운 관리법 등이 필요한 아이템은 구독 모델과 궁합이 잘 맞는다. 또 우리나라의 전반적인 소득 수준은 꾸준히 상승하고 있으며 집안일을 외부에 맡기는 것에 대한 껄끄러움도 사라지고 있다. 우호적인 환경이 조성되고 있는 셈이다.

비즈니스 모델의 로직은 선명하지만, 넘어야 할 산도 있다. 우선 고객의 인식 제고다. 타월을 신경 써서 구매한 사람이 얼마나 될까? 타월은 대표적인 사은품과 답례품이었으며 쌓아놓고 쓰는 집이 많다. 쌓인 타월은 교체 주기를 확인하기 어렵다. 집에 쌓여있는 타월은 구독을 망설이게 하는 이유가 된다.

기본적으로 타월값이 싸다는 것도 관건이다. 타월의 질에 민감한 고객이 구독 대신 주기적으로 타월을 대량 구매하고 기존의 것을 폐기하는 방식을 택할 수도 있다는 의미다. 해외에서도 타월 구독 서비스에 도전하고 있는 업체가 몇몇 있긴 하지만, 규모의 경제를 이루며 고속 성장하는 곳은 눈에 띄지 않는다.

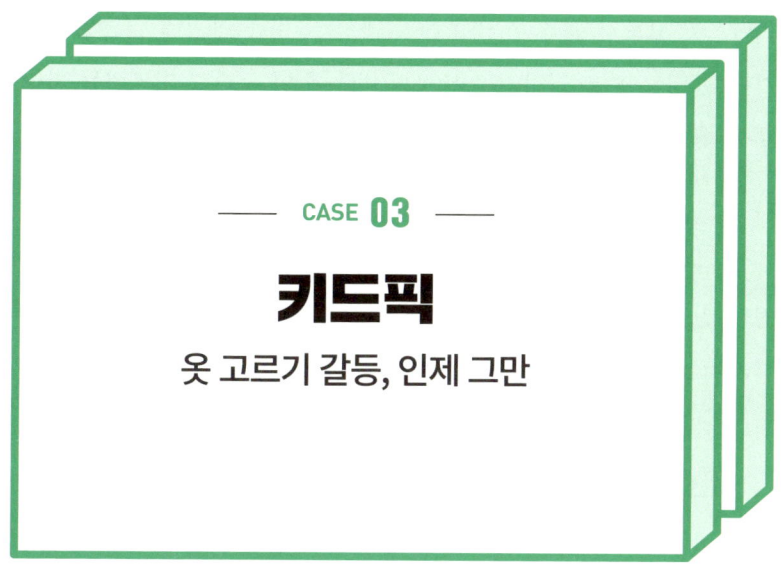

CASE 03

키드픽
옷 고르기 갈등, 인제 그만

옷장 앞에서 치르는 전쟁

아이 키우는 부모는 아침이 가장 바쁘다. 특히 부모가 직장 생활하고 게다가 맞벌이라면 정말로 정신없다. 출근 전에 해야 할 집안일이 쌓여있는데 자녀까지 챙겨야 한다. 자녀가 어릴수록 일은 더 많아지고 시간은 부족하다.

아침에 해치워야 하는 수많은 일 중 하나는 어린 자녀의 옷을 고르는 것이다. 국내에서야 교복을 착용한다고 하지만 미국의 사정은 다르다. '옷 고르기 갈등'은 수많은 집에서, 수많은 아침에 연출되는 풍경이다. 얼른 옷을 입히려는 부모와 마음에 안 든다고 거부하는 자녀, 운이 좋다면 한 번에 합의 보겠지만, 아이의 취향이 확고할수록 갈등은 길어진다.

옷 고르기 갈등은 집에서만 발생하는 게 아니다. 옷을 살 때가 전초전이 일어나는 시점이다. 갈등이 길어질수록 부모는 더 많은 가게를 들락거려야 하고 자녀는 더 많은 옷을 입어봐야 한다. 운이 나쁘면 뭐 하나 사지 못하고 시간만 허비하게 된다.

부모로서는 갈등 대신 강요하는 게 편할 수 있다. 자녀의 마음에 드는 옷이 아니라 자신의 마음에 드는 옷을 입히는 것이다. 그러나 강요는 안 된다. 패션이란 자기표현의 수단이며 자아 형성 과정에 있는 아이들에게 중요하다. 심리적 만족도를 좌우하는 것은 두말할 필요도 없다. 게다가 또래에서 패션은 중대 사항이다. 자녀에게 어떤 옷을 입히는지에 따라 자녀의 사회적 상황이 달라진다. 어느 부모가 그 중요함을 괄시할 수 있을까?

지겹지만 반드시 해야 하는 일

자녀의 옷을 사고 매일 아침 골라 입히는 것은 부모가 반드시 해야 하는 일이다. 그러나 계속 신경 쓰게 되면 지칠 수밖에 없다. 이 지점에서 아웃소싱 욕구가 발생한다.

온라인 의류업체 키드픽은 자녀를 위한 의류박스를 일정 주기마다 배송해 주는 구독 서비스를 통해 부모의 부담을 한결 덜어준다. '키드픽 박스'에는 스타일링 된 의상, 신발, 액세서리 세트가 들어있다.

스타일링을 위해 아이의 취향을 살필 필요가 있다. 패션은 호불호가 크다. 키드픽은 처음 가입한 고객이 반드시 밟아야 하는 절차를 마련했는데, 선호 스타일이나 색상 등에 대한 퀴즈를 푸는 것이다. 3분 분량의 이 퀴즈는 자녀들이 직접 풀 수 있도록 직관적으로 구성돼 있다.

퀴즈를 풀면 2주 내로 의류 5벌과 신발 한 켤레, 액세서리가 담긴 키드픽 박스가 도착한다. 상품당 15달러~22달러 정도의 물건이다. 부모는 자녀에게 입혀본 후 원하는 제품만 살 수 있다. 원치 않는 품목은 반송하면 된다. 받은 물품을 모두 구매하고 싶다면 30% 할인받을 수 있다. 이후에는 선택한 주기에 따라 맞춤형 의류박스를 받아볼 수 있다. 자녀의 마음에 드는 옷 하나를 사기 위해 발품을 팔고 아침마다 스타일링하느라 시간을 쓸 필요가 없다.

고객의 취향을 공략하려면

키드픽은 2021년 11월 성공적으로 나스닥에 상장했다. 그러나 거시경제 환경이 급변하며 어려운 시기를 겪고 있는데, 그런 키드픽의 주가가 하루 만에 22% 넘게 치솟은 사건이 있었다. 강력한 브랜드 파워를 자랑하는 월트 디즈니와 손잡은 것이다. 디즈니 애니메이션은 아동에게 크나큰 사랑을 받고 있다. 때문에 키드픽이 디즈니 작품에서 영감을 받은 제품을 출시한다고 발표하자 높은 관심이 쏟아진 것이다.

키드픽의 상품을 소비하는 것은 부모가 아니라 자녀다. 부모는 자녀 취향에 맞는 의류를 쉽고 간편하게 구하려고 키드픽을 이용한다. 아동에게 인지도가 높고 사랑받는 브랜드와의 협업은 키드픽의 영향력을 빠르게 키울 수 있다. 견고하게 형성돼있는 또래집단 내에서 유명 브랜드의 파급력은 무시할 수 없다.

미국 아동복 시장은 빠르게 성장하고 있다. 글로벌 시장조사기관 스타티스타에 따르면 2021년 기준 미국 아동복 시장은 495억 달러 규모다. 2026년에는 557억 달러로 성장할 전망이다. 저출산 기조가 이어지는 가운데 자녀에게 아낌없이 투자하는 부모가 많아지면서 아동복 시장도 성장하고 있다. 키드픽 고객들 역시 박스 1개당 100달러 가량의 금액을 내고 있으며 박스 안 상품을 전부 사는 경우도 많다.

부모는 자녀를 위해 기꺼이 지갑을 연다. 아동에게 있어 패션의 중요성을 알고 있는 부모라면 더더욱 그렇다. 키드픽에게 남은 과제는 소비자에게 다소 낯설게 느껴질 수 있는 아동복 구독 서비스의 인지도를 높이는 것이다. 그러려면 부모가 아닌 자녀를 공략할 필요가 있다.

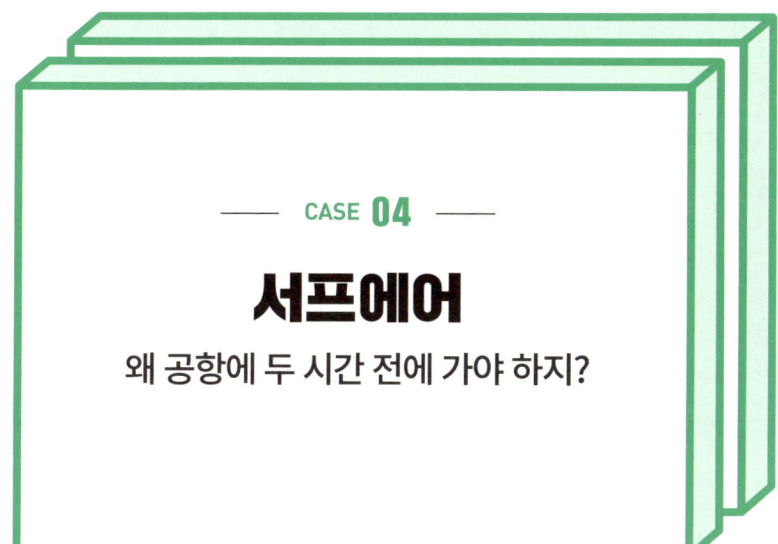

비행기 타기 참 어렵다

항공 산업은 절대 작지 않다. 세계화 이후 항공 산업은 지속 성장했다. 해외 출장과 여행은 일상이 됐다. 그러나 우리는 불편한 경험을 오랜 기간 당연하게 받아들이고 있다. 탑승 시간 2시간 전에 공항에 도착한 뒤 티켓팅 한다. 탑승 절차를 밟고 탑승구 앞에서 다시 대기한다. 불편한 의자에 앉아 안내를 기다려야만 한다.

이런 절차가 꼭 필요한가? 공항 보안이 강화될수록 절차는 더 복잡해진다. 규제가 있으니 이런 애로사항은 쉽게 해소되지 않을 것처럼 보인다.

항공료에 대한 불만도 있다. 어떻게, 언제 예약하는지에 따라 비싸지기도 싸지기도 한다. 누군가 항공료를 싸게 치렀다는 이야기를 들으면 나만 비싸게 낸 게 아닌가 걱정된다. '항공권 싸게 사는 법'으로 검색하면 수많은 글이 있다. 땡처리, 얼리버드, 스탑오버, 코드셰어 등 익숙하지 않은 단어들이 튀어나온다. 언제 사면 저렴한지에 대한 정보도 있다. 이를테면 화요일과 일요일 이른 아침에는 항공권을 조금 더 싸게 구매할 수 있다.

더 자세한 조언도 있다. 인터넷 방문 기록인 쿠키를 삭제하면 항공권 가격이 변한다. 항공사가 구매 가능성이 큰 고객에겐 높은 가격을, 낮은 고객에겐 낮은 가격을 제시하는 경우가 있기 때문이다. 데이터 분석 능력이 강해질수록 고객은 이에 맞춰 적절히 대응해야 한다. 참 불편하다.

항공권을 정기 구독하라

서프에어(Surf Air)는 이러한 고객의 불편을 해소할 방법을 찾고 싶었다. 그래서 구독 모델을 만들었다. 매달 일정 금액을 내면 질 좋은 항공 서비스를 무제한 누릴 수 있다. 구독료가 비쌀수록 서비스는 업그레이드된다.

구독 프로그램은 엑세스(Access), 어드밴스드(Advanced), 프리덤(Freedom), 언리미티드(Unlimited) 네 종류다. 각각 월 199달러, 999달러, 2,499달러, 2,999달러다. 엑세스 멤버십은 비성수기 때 99달러, 성수기 때 199달러를 추가로 내면 좌석을 얻을 수 있다. 프리덤과 언리미티드 멤버십은 언제든 무료로 항공권 예매를 할 수 있다. 고객 정보가 이미 등록돼 있으니 탑승 절차도 최대한 단축된다.

프로그램 별 차이는 있겠지만, 서프에어 멤버십 고객은 항공 서비스를 쉽게 이용할 수 있다는 뜻이다. 더불어 붐비지 않는 라운지도 이용할 수 있다. 멤버십 해지 역시 언제든 가능하다.

아쉽게도 이 서비스가 전 세계 항공 라인에 적용된 것은 아니다. 서프에어는 현재, 미국 동부를 중심으로 서비스되고 있다. 댈러스와 오스틴, 휴스턴 간 이동에 이 멤버십을 활용할 수 있다.

서프에어 역사는 다른 항공사에 비하면 매우 짧다. 패기로 가득 찬 이 항공사는 2012년 머커랩(MurckerLab)의 인큐베이션 프로그램에서 등장했다. 그렇다. 이 항공 스타트업은 불과 10살도 채 되지 않았다.

서프에어는 항공사로서는 예외적으로 여러 벤처캐피털의 투자를 받았다. 2013년 시리즈 A 라운드에는 앤썸벤처파트너스(Anthem Venture Partners), NEA, 트리플포인트캐피털(TriplePoint Capital), 시머벤처스(Siemer Ventures), 바로다벤처스(Baroda Ventures) 등 유명 투자사와 개인 투자자들이 참여했다. 이듬해 900만 달러가 넘는 자금을 또 유치했다. 시리즈 B 라운드에는 당시 자포스 CEO였던 토니 셰이(Tony Hseigh)가 이끄는 베가스테크펀드(VegasTechFund)도 발을 디뎠다. 추가로 800만 달러 투자를 받고 6,500만 달러의 차입을 단행한 서프에어는 항공기 15대를 확보했다. 2020년에는 글로벌이머징마켓(Global Emerging Markets)으로부터 무려 2억 달러의 투자를 받았다.

벤처캐피털은 강력한 잠재력을 지닌 진취적 기업을 발굴하는 데 전념한다. 그런 이들이 왜 구식 취급받는 항공 산업을 눈여겨본 것일까? 서프에어의 발자취를 따라가면 왜 그랬는지 알 수 있다.

서프에어는 2015년 9월 2,000번째 멤버십 고객을 맞이했다고 발표했다. 2016년 6월에는 3,000명으로 늘었다. 2017년 10월, 5,000명으로 증가했다. 벤처캐피털은 기존 항공권 구매 패턴의 문제를 가장 잘 해결할 팀으로 서프에어를 택했다. 그리고 서프에어는 잘해 나가고 있다.

인수 전략으로 영역 확장

2017년 7월, 서프에어는 자사와 마찬가지로 멤버십 기반의 여행 서비스를 운영했던 라이즈(RISE)를 인수하여 항공 네트워크에 다섯 도시를 추가했고, 17곳의 목적지를 오고 가는 멤버십 고객에게 더 높은 수준의 서비스를 제공할 수 있게 됐다. 2013년 새롭게 개척한 항공 구독 서비스 사업에서 유의미한 성과를 거두었다.

인수 당시 두 회사는 69,393번의 비행과 203,908명의 누적 승객이라는 기록을 보유하고 있었다. 주목할 점은 비즈니스 여행을 하는 고객 비중이 높다는 것이다. 서프에어의 매출 약 75% 이상이 비즈니스 여행에서 비롯된다. 사업차 여행하는 고객 다수는 일반 여행자보다 항공 서비스 이용 빈도가 훨씬 높기 때문이다. 이들은 여행 시간을 단축하기 위해 기꺼이 비용을 낸다. 언제든 항공권을 예약하고 빠르게 이용할 수 있는 환경이 가장 중요한 것이다. 서프에어가 라이즈를 인수해 영역을 넓힌 배경이다.

그다음 인수는 2020년에 이루어졌다. 서프에어는 그해 2월, 승객과 개인 항공기 그리고 운영사를 연결하는 온라인 항공 마켓플레이스인 블랙버드(BlackBird) 인수 소식을 전했다. 서프에어처럼 새로운 시장을 개척한 블랙버드는 승객은 물론 항공기를 보유한 기업과 개인에게 특별한 경험을 제공했다. 승객은 애플리케이션으로 목적지와 일정에 맞는 옵션을 간편하게 선택할 수 있었다.

서프에어는 100km에서 600km 정도의 중거리 모빌리티 시장에서 변혁을 꾀하고 있다. 블랙버드 인수도 이 같은 서프에어의 장기적 전략을 위한 기반 다지기로 풀이된다. 서프에어는 고객이 원하는 시간에 간편하고 안락하게 항공 서비스를 이용할 수 있도록 역량을 집중하고 있다. 그동안 수많은 거대 항공사가 고객 편의보다는 수익성을 우선시한 것과는 다른 행보다. 거대 항공사들은 초고가의 항공기 좌석을 최대한 비싸게 파는 것을 우선순위로 뒀다. 그리고 오래도록 항공 사업은 '원래' 그런 것으로 여겨졌다.

    고객만 생각하는 기업문화는 구독 비즈니스 모델의 기초다. 서프에어의 구독 모델은 다른 항공사의 수익 모델에도 영향을 줄 게 분명하다. 서프에어의 서비스는 시간이 지남에 따라 더욱 다양한 고객의 입맛에 맞춰 진화할 것이며 이는 산업 전반에 새로운 바람을 불어올 것이다.

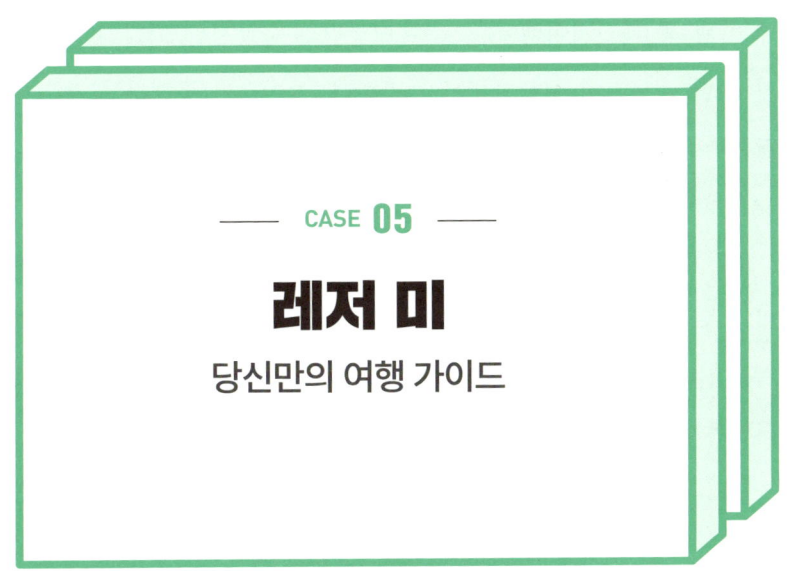

CASE 05
레저 미
당신만의 여행 가이드

훌쩍 떠나고 싶은 날

여행은 즐겁다. 그러나 준비 과정은 즐겁지만은 않다. 교통편을 알아보고 숙박시설을 예약하고 여행지에 무엇이 있는지 찾아 계획을 짜야 한다. 어느 날 훌쩍 여행을 떠나기에는 해야 할 것이 많아 결국 포기할 때도 있다.

관광 산업은 꾸준히 성장하고 있고 이미 다양한 서비스가 존재한다. 가장 대표적인 게 여행업체 주관으로 여러 고객을 모아 떠나는 단체 여행, 즉 패키지여행이다. 각종 교통편과 숙박시설, 기타 편의시설과 여행 계획까지 여행사에서 전담한다. 가이드가 동행하는 경우가 많으며 일정을 마음대로 조정할 수 없다. 그러나 계획을 짜는 번거로움을 줄여주기에 소비자들의 사랑을 받고 있다.

최근에는 패키지여행이 아니더라도 다양한 플랫폼을 통해 여행 준비의 부담을 덜 수 있게 됐다. 숙박 플랫폼 야놀자가 대표적이다. 여행지를 입력하면 숙박시설 리스트가 뜨며 예약할 수 있다. 숙소 위치부터 리뷰까지 한 눈에 보인다. 일부 플랫폼은 교통편 정보도 제공한다.

그러나 가장 오래 걸리고 번거로운 일은 여행지 도착 후 무엇을 할지 정하는 것이다. 많은 경우 여행지에 대한 정보가 부족하다. 수많은 웹사이트를 검색하거나 가이드북을 뒤적여야 한다. 이 과정을 아웃소싱(outsourcing)할 수 없을까?

여행지의 모든 것을 즐기고 싶다면

여행지의 모든 것을 이용할 수 있는 구독 서비스, 레저 미(Leisure Me)가 그 갈증을 채워준다. 구독하면 약 550곳에 달하는 관광지와 레저 시설, 체험 활동을 자유롭게 이용할 수 있다. 현재는 일본 규슈와 야마구치현 등 일부 지역에서만 이용할 수 있다. 그러나 그 범위는 빠르게 넓어지고 있다. 레저 미는 해외에서도 사용할 수 있는 글로벌 구독 서비스를 목표로 하고 있다.

수많은 구독 서비스가 그렇듯 비쌀수록 더 많은 시설을 이용할 수 있다. 월 1,200엔, 2,000엔, 3,600엔 총 세 가지로 구분돼 있으며 각각 3곳, 5곳, 10곳을 자유롭게 이용할 수 있다.

레저 미의 강점은 지방자치단체는 물론 다양한 지역 커뮤니티와 연계할 수 있다는 점이다. 소비자의 선택폭을 넓힘과 함께 파트너십 맺은 커뮤니티는 여행자들을 맞이하는 시너지 효과를 기대할 수 있다. 일본은 지방자치단체에서 주관하는 지역 특유 행사나 전통축제가 많다. 지역 특색을 느낄 수 있는 여행을 원하는 소비자에게 레저 미는 매력적이다.

정체된 업계에 뛰어든 새로운 플레이어

레저 미는 일본 관광 산업에 최적화되어 있다. 일본 관광 산업은 2019년 기준 27조 9,000억 엔 규모인데, 이중 일본인의 국내 여행 소비 비중이 78%를 넘어선다. 내국인 중심의 시장이라 해도 과언이 아니다. 팬데믹을 계기로 일본 관광 산업의 무게중심은 내수시장으로 더 기울었다. 내국인 대상으로 한 레저 미에게는 우호적인 환경이었다.

특히 레저 미의 향후 성장세를 기대하게 하는 것은 정책 모멘텀이었다. 일본 정부는 관광 산업을 국가의 성장을 견인할 미래 주요 산업으로 낙점해 다양한 정책을 내놓았다. 여행 중 쓸 수 있는 대체 화폐를 지급하거나 보조금을 지원하는 등이다. 이외에도 관광 산업을 위한 내수환기책을 잇달아 내놓고 있으며 이런 기조는 당분간 계속될 전망이다.

일본 관광 산업이 팬데믹 때문에 입었던 피해를 복구하고 다시 성장 국면에 돌입한다면 구독경제를 지향하는 레저 미는 더욱 주목받을 수 있다. 일본도 여행업체와 관광 서비스는 다양하지만, 새로운 플레이어가 없기 때문이다. 전통적인 여행사인 JTB, H.I.S 등 선두 업체의 입지는 공고하나 새로운 형태의 서비스는 보기 어렵다.

관건은 얼마나 빠르게 새로운 지역에서 서비스를 개시할 수 있는지다. 일본은 지역별 특색이 강하며 관광 자원이 풍부하다. 유명 여행지만이 아니라 전 지역에 걸쳐 여행 수요가 높다는 의미다. 지역 기반의 관광 서비스를 제공하는 레저 미 입장에서는 유명하진 않지만, 특색이 묻어나는 관광지를 공략할 필요가 있다. 일본 관광 산업에서 구독 서비스는 희귀하다. 낯설어하는 소비자를 끌어들이려면 전통적인 여행업체와의 차이를 보여주고 레저 미만의 강점을 어필해야 한다.

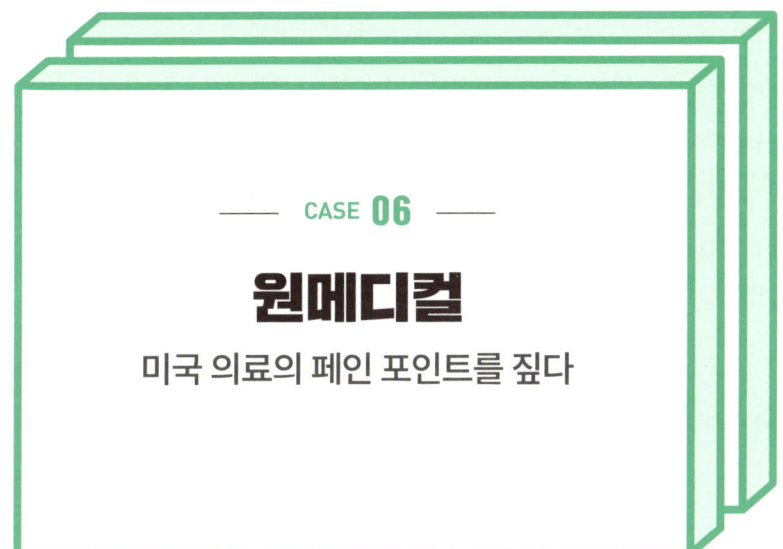

원메디컬
미국 의료의 페인 포인트를 짚다

의료 서비스는 어렵다

우리에게 가장 가깝고 중요하지만, 가장 거리감이 느껴지기도 하는 서비스는 뭘까? 의료 서비스다. 병원은 언제나 부담스럽다. 질병에 적합한 병원과 의사를 찾는 건 어렵다. 우리나라는 그나마 국민건강보험 덕분에 높은 의료 서비스를 누릴 수 있지만 말이다.

미국의 의료 서비스는 많은 질타를 받았다. 의료산업이 민영화된 미국에서는 각자 자신의 건강보험이 적용되는 병원을 찾아야 한다.

예약 없이 방문했다가는 몇 시간씩 기다려야 할 수도 있다. 우리나라처럼 하루나 이틀 전 예약하기도 쉽지 않고 예약부터 힘 빠지는 일이 다반사다. 미국에서 전문의(Specialist)의 치료를 받으려면 주치의(PCP: Primary Care Physician)를 먼저 만나 진료 의뢰서(Referral)를 받아야 한다. 일부 보험은 의뢰서 없이 바로 전문의를 만날 수 있게 하지만, 그래도 미국 의료 서비스가 친절하지 않다는 사실은 바뀌지 않는다.

미국 의료의 또 다른 이슈는 고비용이다. 미국 의료기관은 대부분 민간회사가 운영하고 있다. 의료보험도 마찬가지이며 가입 조건도 까다롭다. 보험료는 소득과 개인 건강에 따라 천차만별이다. 미국인의 약 10% 이상은 의료보험 보장을 받지 못한다. 병원비가 없어 죽는 사람도 적잖다. 미국이라는 이름에 어울리지 않는 아이러니한 일이다.

미국은 OECD 국가 중 의료비 지출 규모 1위다. 미국의 GDP 대비 경상 의료비 지출 비율은 대략 17% 전후다. 미국 바로 뒤를 잇는 국가들의 지출 비율이 11% 전후인 걸 보면 미국 의료비가 얼마나 비싼지 알 수 있다. 심지어 미국의 소득 수준은 평균보다 월등히 높지 않은가!

의료를 관리하다

원메디컬(One Medical)은 멤버 전용 의료 서비스 플랫폼이다. 2007년 창업한 탐리(Tom Lee)는 이해관계자의 불편을 이해하는 데 집중했다. 환자의 불만은 주로 어려운 예약과 긴 대기시간이었다. 의사에게도 사정은 있었다. 진료 건당 소득이 발생하는 병원이 강도 높은 업무를 요구했기에 짧은 시간에 최대한 환자를 많이 봐야 했다. 임직원에게 의료보험을 제공하는 고용주는 직원에게 적정한 비용의 질 좋은 의료 서비스를 받게 해주고 싶겠지만, 이는 미국 의료 환경에서는 어려운 목표다. 탐리는 이 문제를 IT 기술로 해결하고자 했다.

원메디컬은 애플리케이션과 웹사이트로 당일 예약 기능을 제공한다. 온라인에서 검사 결과와 처방전 등도 간편하게 조회할 수 있다. 고객은 채팅을 통한 24시간 원격 의료 서비스로 주치의와 언제든 상담할 수 있다. 원메디컬은 접근성이 우수한 지역에 병원을 운영하고 있어서 실제로 방문하기도 쉽다.

서비스 구축 단계부터 비용 문제에 관심을 기울인 원메디컬은 고도화된 전산 시스템을 구축하고 있다. 이를 통해 관리 비용을 최소화해 고객에게 전가하는 부담을 줄였다. 고객은 원메디컬 병원에 다니다가 부득이하게 다른 병원으로 가더라도 잘 되어있는 전산 시스템 덕분에 연속성 있는 진료를 받을 수 있다.

원메디컬의 고객 중심 서비스는 여기서 그치지 않는다. 데이터 분석 기술을 활용해 고객에게 맞는 최상의 의료 서비스를 선보인다. 의사는 이 데이터를 바탕으로 빠르고 효율적인 의료 서비스를 제공한다. 이러한 배경에는 간단하지만, 어려운 시도가 있었다. 바로 월급제다. 성과제를 기본으로 하는 다른 병원과는 근본적으로 다른 시스템이다. 그래서 원메디컬 소속 의사는 진료에 대한 압박에서 벗어나 의료 서비스에 집중할 수 있다.

어떻게 원메디컬은 시장에 빨리 안착할 수 있었을까? B2B에 마케팅을 집중했다. 임직원에게 가성비 높은 의료보험 혜택을 제공하고 싶어 하는 기업을 노린 것이다. 원메디컬은 2021년 2월 기준 7,000개가 넘는 기업의 임직원에게 서비스를 제공했다. 가입자 중 45%는 매달 원메디컬 온라인 서비스를 이용했다.

아이를 위한 구독 서비스 원메디컬키즈(One medical kids)도 있다. 아이의 질병은 조기 발견하고 조치하는 게 매우 중요하다. 아이가 자신의 상태를 표현하는 게 서툴러 제대로 확인이 되지 않을 때도 있다. 단순한 증상이라도 의사와 상담해야 한다.

24시간 상담할 수 있고 아이가 병원에 왔을 때 편안히 머무를 공간도 제공하는 원메디컬은 아이를 둔 부모에게는 최고의 옵션이다.

잠재력 높은 의료 분야

의료는 구독 비즈니스 모델이 적용될 가능성이 큰 분야로 꼽힌다. 의료 서비스가 필요하지 않은 사람은 없기 때문이다. 태어나는 순간부터 우리는 병원을 방문한다. 그리고 매년 몇 차례씩 의료 서비스를 받아야 한다. 이 반복적인 경험은 때론 우릴 지치게 한다.

모든 이에게 필요하며 언제나 사용하는 서비스지만, 정보의 비대칭성이 높다. 전문지식이 필요한 분야이기 때문에 의사와 환자의 신뢰 관계가 가장 중요하다. 그러나 바쁜 의사는 간절한 환자에게 충분한 정보를 제공하지 않는다. 의사만의 잘못은 아니다. 오랜 세월 관성적으로 행해지던 습관 때문이기도 하다.

구독 모델은 관행을 탈피하는 데서 시작된다. 특히 이 모델은 오래된 산업을 강력히 혁신하는 매우 효과적인 수단이 될 수 있다.

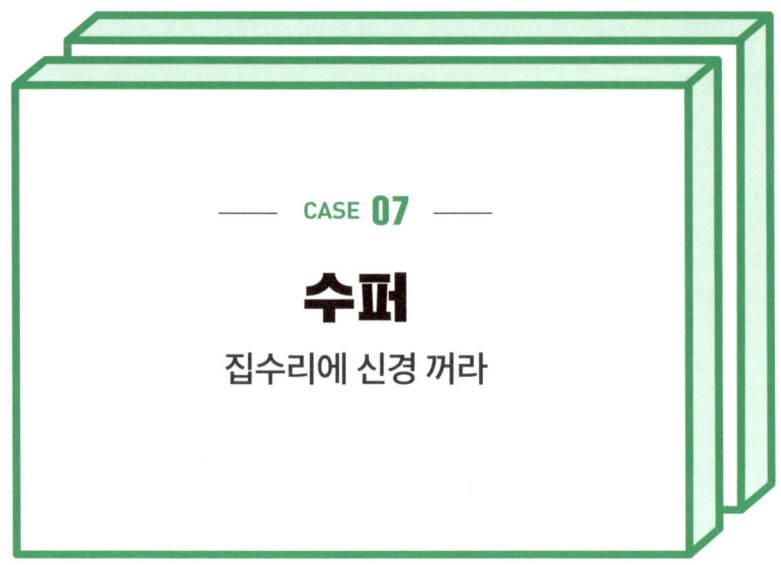

CASE 07
수퍼
집수리에 신경 꺼라

골치 아픈 집 관리

집을 관리하느라 골치 아픈 경험은 살면서 누구나 한다. 누수부터 냉장고 고장까지 크고 작은 골칫거리가 불시에 찾아온다. 문제를 직접 해결할 수 있는 사람은 많지 않다. 생각해보라, 집은 온갖 전자기기와 배관, 공조, 건축 부품 등으로 가득 차 있다. 집에 문제가 생겼을 때 누구에게 전화해야 할까? 인터넷을 뒤져보면 업체를 성토하는 글이 빼곡하다.

고객과 수리공은 서로 다른 이해관계에 놓여있다. 고객은 최대한 저렴하게 문제를 해결하고자 한다. 수리공은 건당 최대한의 이윤을 남겨야 한다. 고객이 문제점을 정확하게 파악하지 못한다면? 수리공은 정보의 비대칭성을 악용할지도 모른다. 고치지 말아야 할 것에 손을 대거나 과도한 비용을 요구할 수도 있다. 고객은 미심쩍어도 따를 수밖에 없다. 수리공 앞에서 불만을 표하기 쉽지 않다.

이 같은 문제에 국경은 없다. 집은 누구에게나 필요하니까. 이 해묵은 문제를 해결하고자 나선 스타트업이 바로 미국의 수퍼(Super)다.

집수리를 구독하다

수퍼는 집 관리·수리 구독 서비스를 제공한다. 여러 단계의 프로그램을 갖추고 있으며 다양한 범주의 관리 능력을 자랑한다.

가장 저렴한 서비스인 시큐어(Secure)부터 살펴보자. 식기세척기, 레인지, 오븐, 빌트인 마이크로웨이브, 쓰레기 처리기와 압축기, 세탁기와 건조기 등 가전제품이 고장 났을 때 구독자는 도움을 청할 수 있다. 공기조화 시스템, 배관, 온수기, 실내 전기, 천장 팬, 중앙 진공 시스템, 차고 문 개폐기, 스프링클러 등 설치된 각종 장치도 서비스 범주에 포함된다. 또 있다. 집 열쇠를 다시 만들거나 카펫을 청소해주기도 한다. 창문 닦기와 해충 제거 서비스도 제공한다. 수영장, 옥외 배관, 게스트하우스 등 조금 더 특징적인 설비에 대해서는 고정된 금액만 추가하면 서비스를 받을 수 있다. 이 모든 프로그램에 대한 월 구독료는 64달러밖에 되지 않는다.

이보다 높은 가격대의 프로그램인 시그니처(Signature)와 럭스(Lux)는 시큐어보다 더 광범위한 관리·수리 서비스를 제공한다. 집에 거주하면서 발생하는 각종 가전기기와 시스템 문제를 전부 해결해 준다고 보면 된다.

수퍼는 제휴를 통해 서비스를 제공하고 있다. 지역 내 최고의 업체와 함께 예측 가능한 비용으로 신속하고 효과적인 주택 보수유지를 책임진다. 구독자는 수리업체와의 정보 비대칭으로 인해 바가지를 쓸 걱정을 하지 않아도 된다.

이처럼 구독자의 염려를 줄일 수 있었던 근본적인 이유는 수많은 구독자를 묶어 구매력(Buying power)을 높였기 때문이다. 구독료를 받는 수퍼의 전문가들은 가장 효율적인 수리와 유지·보수 서비스를 제공할 유인이 생긴다. 즉, 수퍼와 구독자는 한편이다. 이로써 구독자는 집수리와 유지에 쓰여야 할 비용을 사전에 대략 파악할 수 있다. 더불어 수퍼는 구독자의 집에 문제가 생기지 않도록 도와줄 유인도 생긴다. 언제 냉장고 코일을 청소해야 하고, 언제 온수기 물을 빼야 할지 구독자가 알게 하면 그만큼 고장 날 가능성이 줄어든다. 유지, 수리 비용이 낮아진다는 것은 재무적 성과의 향상을 의미한다.

이 같은 일련의 과정에서 구독자와 수퍼는 데이터를 얻는다. 구독자는 집에 어떤 문제가 발생하는지 알 수 있고, 수퍼는 구독자가 도움이 필요한 지점을 파악할 수 있다. 이는 둘 모두에게 큰 도움이 된다. 구독자는 효과적으로 집을 관리할 수 있고 수퍼는 서비스를 더욱 정밀하게 다듬을 수 있다.

구독 모델의 강력함을 보여준 수퍼

수퍼의 획기적인 아이디어는 명망 있는 벤처캐피털들의 지지를 끌어냈다. 2019년 수퍼는 2,000억 달러 규모의 시리즈 B 투자를 유치했다. 시리즈 B 라운드는 아퀼린캐피털파트너스(Aquiline Capital Partners)가 이끌었다. 이외에도 파운더콜렉티브(Founder Collective), 8VC, 제네럴카탈리스트(General Catalyst), 모던벤처스(Modern Ventures) 등 미국의 벤처캐피털을 대표하는 여러 기관이 수퍼의 투자자가 되었다. 당시 수퍼에 투자한 한 관계자는 "수퍼는 주택 소유자에게 프리미엄 케어 및 수리 서비스를 제공하는 효과적이고 편리한 플랫폼을 개발했다"라고 평가했다.

수퍼가 선보인 구독 모델은 확장성 면을 높게 평가받는다. 집을 관리하고 수리하는 어려움은 미국인만의 문제가 아니기 때문이다. 우리나라에서도 수리와 얽힌 분쟁은 끊임없이 쏟아지고 있다. 특히 전세라는 특이한 시스템 때문에 생긴 임대인과 임차인 사이의 불화는 무시할 수 없는 사회 문제다.

임대인이 임차할 주택이나 아파트에 수퍼 구독 모델을 도입한다면 어떨까? 임차인도 기꺼이 조금 더 높은 전셋값이나 일부 구독료 부담에 동의하지 않을까? 다른 때였다면 임대인과 임차인은 서로의 성향을 파악하느라 조심스러웠을 것이다. 향후 문제가 발생하면 어떻게 해야 할지 염려하고 있기 때문이다.

이 구독 모델이 주택에만 적용될까? 사무실과 공장 등에도 분명 수요가 있을 것이다. 불확실한 미래의 비용을 예측 가능한 범위에 묶어두고 싶은 마음은 개인이나 기업이나 마찬가지다.

5장

콘텐츠 구독

오늘날 경험을 통해 배우는 것은 너무 비싸다. 다른 사람의
경험에서 배운다면 훨씬 빠르고 저렴하다.

_ 로버트 몽고메리

Intro
콘텐츠의 화려한 부활

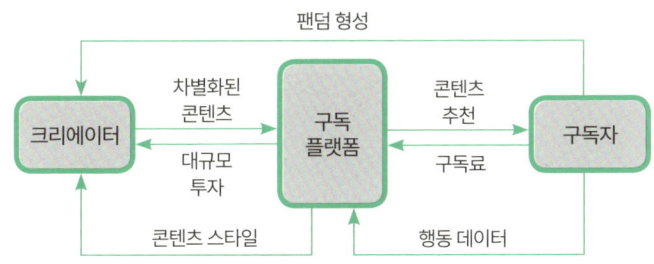

콘텐츠 구독 모델

도서, 소설, 만화, 웹툰, 뉴스, 드라마, 예능, 영화, 다큐멘터리, 그리고 음악.

이것들의 공통점은 무엇일까? 그렇다. 콘텐츠다. 또 다른 공통점이 있다. 이 콘텐츠 산업 모두 구독 모델을 발판으로 새로운 판을 짜고 있다. 밀리의서재, 라프텔, 아웃스탠딩, 퍼블리, 티빙 등 국내 업체뿐 아니라 넷플릭스, 디인포메이션, 뉴욕타임스, 스포티파이 등 글로벌 기업은 모두 콘텐츠 기반의 구독 모델을 핵심 사업으로 삼았다.

콘텐츠 구독 모델은 어떻게 이토록 빠르게 성장했을까? 이유는 간단하다. 콘텐츠는 디지털화하기 쉽다. 디지털화가 콘텐츠의 힘을 무력하게 했던 때가 있었다. 복제가 너무 쉬워 콘텐츠를 무단으로 사용하는 사람이 급증했고 콘텐츠 제작자들은 정당한 이익을 얻지 못했으며 콘텐츠 산업의 힘의 균형은 콘텐츠 유통업체에 집중됐다.

IT 기술이 발전하고 시민 의식이 진보하면서 콘텐츠의 힘은 회복됐다. 그 사이에 콘텐츠 구독 모델이 급부상했다. 충성 고객을 모은 구독 플랫폼은 안정적인 현금흐름을 확보했으며 콘텐츠 제작자들도 기댈 언덕이 하나 더 생겼다. 웹툰과 드라마 작가는 선호하는 직업이 되었고 영화 산업의 거장 감독은 넷플릭스와 계약했다.

구독 모델은 콘텐츠 산업의 판을 뒤엎고 있다. 케이블TV 산업은 무너지고 있다. 코로나 시국은 수많은 영화관을 문 닫게 했다. 구독자는 플랫폼에서 더 많은 콘텐츠를 감상하고 있으며 좋은 제작자는 플랫폼에서 조건이 붙지 않은 제작비를 얻어내고 있다.

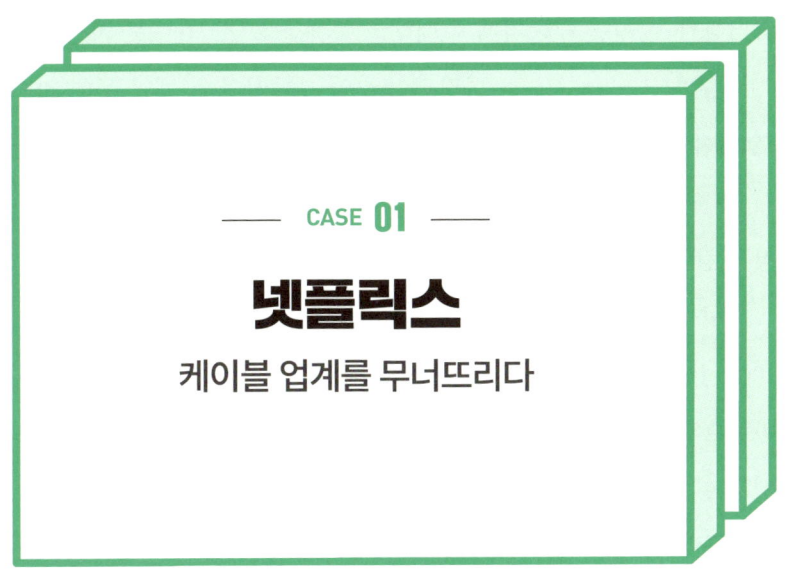

넷플릭스
케이블 업계를 무너뜨리다

DVD 대여점으로 시작하다

유료 영상 콘텐츠 산업은 넷플릭스 이전과 이후로 나뉜다. 넷플릭스는 미국 케이블 산업에 심대한 타격을 가했으며 이젠 전 세계 대부분 국가의 영상 콘텐츠 기업에 막대한 영향력을 행사하고 있다.

이 회사도 나름 오래됐다. 마크 랜돌프와 리드 헤이스팅스는 1997년 넷플릭스를 설립하고 1998년부터 서비스를 시작했다. 처음은 비디오 대여 사업이었다. 넷플릭스도 초기엔 개당 대여료를 받았다.

그러다가 1999년 구독자에게 택배로 무제한 DVD 대여를 제공했다(현재와 상당히 유사하다!). 꽤 파격적인 수익 모델이었다. 옛날 동네 비디오 대여점에 이런 서비스가 있었다면 나는 당장 가입했을 것이다. 당시 월 구독료는 16달러 전후였다. 그때 미국 영화 티켓이 4~5달러인 점을 감안하면 나쁘지 않은 가격이었다.

그렇다고 이때의 넷플릭스가 어마어마했던 기업은 아니었다. 2000년에 넷플릭스 구독자는 30만 명 수준이었다. 그러다가 리뷰를 바탕으로 한 개인 맞춤형 DVD 추천 시스템을 개발했는데, 이 시스템은 현재 넷플릭스의 한 축을 지탱하고 있다.

넷플릭스의 새로운 시대는 스트리밍 서비스에서 비롯됐다. 2009년, 넷플릭스는 1만 개가 넘는 콘텐츠를 선보였다. 2013년에는 미국 구독자 2,710만 명과 전 세계 구독자(미국 제외) 2,940만 명을 확보했다. 13년 만에 5,000만 명을 달성한 것이다.

무서운 성장 속도

넷플릭스는 코드커팅(Cord-Cutting) 현상을 불러왔다. 코드커팅은 기존 케이블 TV 이용자가 케이블 코드(cord)를 끊어버리는(Cutting) 현상을 말한다. 미국 케이블 TV 시장을 장악했던 타임워너케이블과 컴캐스트는 고객을 빠르게 빼앗겨 결국, 2017년 넷플릭스 구독자 수가 케이블 TV 이용자 수를 넘어섰다. 2017년 1분기 넷플릭스 구독자 수는 5,085만 명으로 증가, 케이블 TV 가입자는 4,861만 명을 기록했다.

2018년 5월엔 더 의미심장한 이벤트가 터졌다. 넷플릭스 시가총액이 장중 한때 월트디즈니컴퍼니의 시가총액을 넘어선 것이다. DVD 대여점에서 시작했던 넷플릭스는 월트디즈니컴퍼니와 워너미디어 등 거대 기업과 견줄 수 있는 플레이어로 성장했다.

2020년 코로나 확산은 넷플릭스를 압도적인 OTT 기업으로 견인했다. 넷플릭스 구독자는 빠르게 증가했다. 2020년 4분기 기준 2억 명을 넘어섰다.

넷플릭스의 1개월 무료 정책은 OTT 산업의 기본값이 되었다. 시장 점유율 1위인 넷플릭스도 하는데 다른 OTT 사업자가 따라 하지 않을 수 없다. 특히 넷플릭스는 결제 직후 해지해도 한 달 동안 무료로 콘텐츠를 감상할 수 있다. 프리미엄 요금제의 경우 4인 동시접속이 가능한데, 이 때문에 계정을 공유해 요금을 나눠 내는 사람도 늘고 있다. 이는 우리나라뿐 아니라 해외에서도 보편화한 방식이다. 넷플릭스는 약관으로 '가족 구성원이 아닌 개인과 공유해서는 안 된다'라고 밝히고는 있지만, 현실적인 제재는 하지 않는다.

이런 특성 때문에 특이한 서비스도 출현하고 있다. 바로 계정공유 중개 플랫폼이다. 2020년에 등장한 피클플러스는 넷플릭스와 웨이브, 왓챠 등 OTT를 매우 저렴한 가격으로 이용할 수 있게 했다. 방식은 간단하다. OTT 이용자를 모아 4명씩 그룹 지은 뒤 대신 결제하는 것이다. 피플플러스는 플랫폼으로써 사기당할 위험을 막아준다. 그레이태그는 좀 더 넓은 범위에서 구독 계정을 공유하는 플랫폼이다. 넷플릭스와 왓챠, 웨이브 외에도 스포티파이, 티빙, 쿠팡플레이, 유튜브, MS오피스, 웨이브 등도 서비스 범주에 포함하고 있다. 이 말고도 다수의 업체가 구독 서비스를 공유하는 플랫폼을 구축하고 있다.

넷플릭스는 여러 사람이 함께 계정을 사용하는 것을 암묵적으로 권장한다. 동시접속이 2명 이상 가능한 스탠더드나 프리미엄 멤버십이 아닌 베이식 멤버십에서도 여러 프로필을 만드는 게 가능한 것도 이 때문이다.

넷플릭스답게

넷플릭스 오리지널 콘텐츠는 넷플릭스가 자체 제작한 콘텐츠다. 2013년 〈하우스 오브 카드(House of Cards)〉를 비롯해 자체 제작 지원한 콘텐츠를 선보였다. 〈기묘한 이야기(Strange Things)〉, 〈글로우(Glow)〉, 〈오렌지 이즈 더 뉴 블랙(Orange Is The New Black)〉, 〈더 크라운(The Crown)〉 등이 흥행하며 확고히 자리 잡았다. 2017년 개봉한 봉준호 감독의 〈옥자〉도 넷플릭스에서 제작비를 지원한 대표적인 콘텐츠다.

거장 감독과의 협업도 눈에 띈다. 봉준호 외에도 데이비드 핀처, 알

폰소 쿠아론, 마틴 스코세이지, 코엔 형제, 폴 그린그래스, 스파이크 리 등이 넷플릭스와 계약을 맺고 오리지널 작품을 제작했다. 넷플릭스의 자금력 덕분에 가능한 일이었다. 넷플릭스는 작품의 모든 권리와 저작권을 확보하는 대신 제작비 전액과 제작비의 약 10% 수익을 지원하는 방식의 투자를 하고 있다. 제작비가 1억 달러면 1,000만 달러의 수익을 보장해 주는 것이다. 따라서 제작사는 외부 간섭이나 수익 문제로 골머리 썩지 않고 창의적인 작품 창작에 매진할 수 있었다.

2020년에는 애니메이션 산업에 주목할만한 일이 일어났다. 넷플릭스가 스튜디오 지브리의 애니메이션 스트리밍 서비스를 시작한 것이다. 공개 작품은 무려 21개로 〈이웃집 토토로〉, 〈천공의 성 라퓨타〉, 〈원령공주〉, 〈하울의 움직이는 성〉 등 지브리의 대표작이 모두 있다. 그동안 OTT에 소극적이었던 지브리가 진취적인 결정을 내린 셈이다. 당시 지브리 관계자는 "팬들의 말을 듣고 우리의 작품을 스트리밍하기로 했다"라며 "전 세계 사람들이 지브리의 세계를 발견하길 바란다"라고 밝혔다. 넷플릭스는 지브리와의 계약을 위해 조 단위 계약을 했다고 한다.

넷플릭스는 2억 구독자를 기반으로 막강한 현금 동원력을 갖추게 됐다. 이 자금력은 넷플릭스만이 제공할 수 있는 콘텐츠 생태계를 만드는 실탄으로 사용되고 있다. 구독자와 생태계는 서로 영향을 미치며 서로를 커지게 한다. 시간이 지날수록 넷플릭스가 파는 해자의 깊이는 더욱 깊어질 것이다.

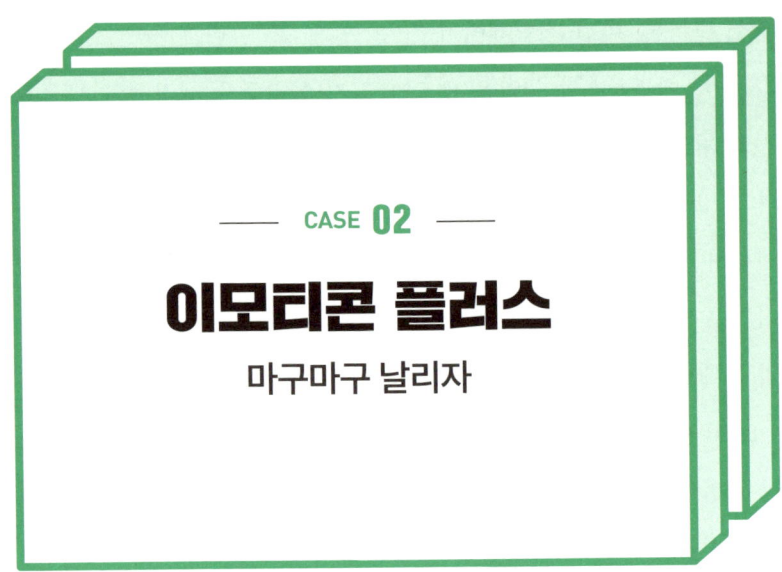

카카오의 새로운 도전

2021년 1월 13일 카카오는 '이모티콘 플러스'를 출시했다. 월정액으로 이모티콘을 무제한 사용하는 서비스다. 가격도 4,900원으로 저렴하다. 이모티콘 단품 가격이 2,000~4,000원인 것을 생각하면 다채로운 이모티콘을 사용하고픈 사용자에게는 아주 매력적이다.

 카카오는 '구독경제'를 미래 사업 중 하나로 바라보고 있다. 이모티콘 구독은 그 장기 전략의 초기 단계인 셈이다. 이모티콘 플러스를 이용하려면 '카카오톡 지갑(톡 지갑)'을 거치도록 설계했다. 매력적인 구독 서비스를 이용하는 과정에서 또 다른 카카오의 서비스를 체험하게 되는 것이다.

구독하고 쓸 수 있는 이모티콘은 얼마나 될까? 2021년 1월 기준, 약 15만 개의 이모트(메시지 단위의 개별 이모티콘)를 사용할 수 있다. 모든 이모티콘을 한꺼번에 저장하진 못한다. 최대 5개이며 바꿔가며 쓰게 되어있다.

많은 이모티콘에 적응하기도 쉽지 않다. 쓰던 것만 쓰는 고객은 이모티콘 구독을 끊을 가능성이 크다. 그래서 카카오는 자동 추천 기능을 추가했다. 사용자가 카카오톡 대화창에 단어를 입력하면 이모트가 추천된다. 대화 맥락에 맞는 이모트를 쉽게 활용할 수 있다. 고마움, 미안함, 자주 하는 질문과 답변 등 감정과 상황별 키워드로 이모티콘을 정리해 보여준다. 이 편의성은 더 많은 이모티콘을 사용하게 하며 구독 서비스 만족도를 높이는 데 도움이 된다.

무시할 수 없는 이모티콘 시장

이모티콘 작가는 이모티콘 사용량에 따라 수익을 받는다. 구독 서비스는 사용자가 많은 이모티콘을 경험하게 함으로써 새로운 작가가 자신의 이모티콘 디자인을 더 널리 알리는 데 도움이 될 것으로 보인다.

이모티콘 시장 규모는 절대 작지 않다. 여러 SNS 플랫폼에서 이모티콘이 사용되고 있기 때문에 정확한 시장 규모가 집계되진 않지만, 적어도 3,000억 원(2020년 기준) 이상으로 추정한다.

카카오톡은 우리나라 이모티콘 시장의 중심이다. 국내에서 가장 큰 이모티콘 시장으로 성장한 카카오톡 이모티콘 스토어는 지난 2011년 문을 열었다. 이모티콘은 전 연령층이 사용한다. 사용 빈도도 빠르게 늘었다. 이모티콘을 만들어 큰돈을 번 작가가 탄생했고 카카오 역시 상당한 이익을 거두었다.

2020년 11월 24일 카카오가 밝힌 내용에 따르면, 이모티콘 스토어를 오픈한 이후 이모티콘을 구매한 사용자 수는 2,400만 명을 넘었다. 2020년 월평균 이모티콘 사용자 수는 3,000만 명에 달한다. 이모티콘 총 발신량은 290억 건이다. 국내 인구가 5,162만 명(2022년 1월 기준)인 점을 고려하면 카카오의 이모티콘 실적이 얼마나 대단한지 알 수 있다.

이모티콘 작가도 함께 성장했다. 억대 누적 매출을 달성한 이모티콘만 1,300개에 달한다. 누적 10억 원 이상의 매출을 기록한 이모티콘 시리즈도 73개다. 김희정 카카오 디지털아이템 팀장은 "카카오 이모티콘 스튜디오를 통한 수많은 창작자의 도전 속에 유명작가로 발돋움하는 경우가 많아지고 있다"라고 말했다. 옴팡이, 오늘의 짤, 바둑이, 다갸 타당해, 치즈덕, 떼쟁이, 한국인이 자주 보내는 멘트, 러블리짤, 뽀시래기 쟈근콩 등이 많은 사랑을 받았던 이모티콘이다. 유명 IP도 이모티콘을 냈다. 뽀로로, 펭수, 미스터트롯 등과 관련한 이모티콘 역시 인기가 많았다.

이모티콘을 사는 이유 중 하나가 선물이라는 것도 주목할 부분이다. 월평균 이모티콘 선물 비중은 2013년부터 꾸준히 늘어 2020년 약 40%를 기록했다. 특히 2, 30대가 가족, 친구, 연인에게 손쉽게 마음을 전하는 선물로써 많이 사고 있다.

다양성을 높이는 구독경제

카카오는 왜 이미 잘 되는 이모티콘 사업에 변화를 준 것일까? 그 배경엔 구독의 강력한 특징이 있다.

사용자는 구독을 통해 저렴한 가격으로 광범위한 서비스를 경험하게 된다. 몇 개 이모티콘만 사용하는 것과 압도적으로 많은 이모티콘을 사용하는 것은 사용자 경험에서 큰 차이가 있다. 높은 수준의 서비스를 경험한 사용자는 구독을 유지하며 그 결과 사용자는 꾸준히 이모티콘을 소비하게 된다.

이모티콘을 일상적으로 사용하는 유저는 이 기능을 일상적인 도구라고 인식하게 된다. 카카오는 구독 서비스를 통해 단단한 소비층을 확보할 수 있다. 사용자도 더 많은 이모티콘을 사용하게 되므로 더 많은 작가가 돈을 벌 기회를 얻는다. 카카오, 사용자, 작가가 이모티콘에서 발생하는 가치를 공유하는 선순환 구조인 것이다.

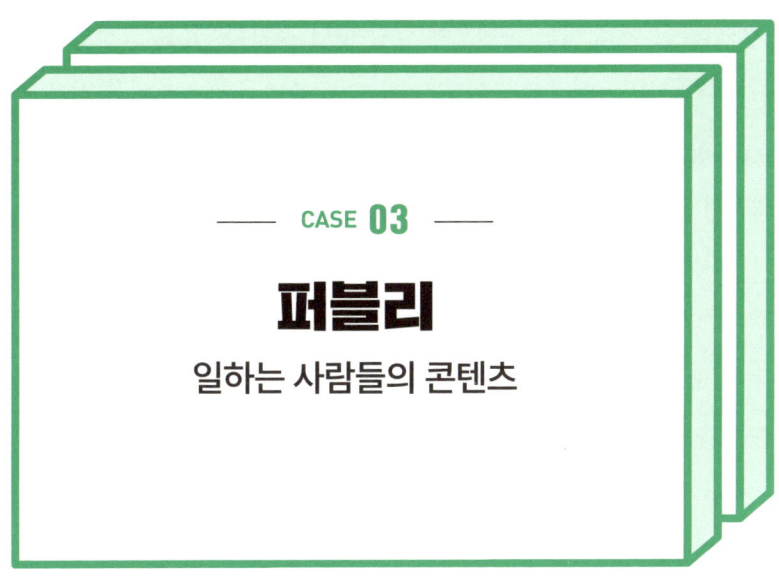

CASE 03
퍼블리
일하는 사람들의 콘텐츠

사라지는 서점, 사라지지 않는 텍스트

서점이 사라져 간다. 중고등학교 시절, 동네 서점을 찾는 사람들을 흔히 볼 수 있었다. 서점 벽면은 책으로 가득했고 통로에도 책이 수북이 쌓여있었다. 찾는 책을 물으면 서점 직원이 금방 찾아주었다. 사람들은 좁은 서점 안에서 어깨를 부딪쳐가며 이 책 저 책을 들춰봤다. 그러나 서점은 빠르게 사라졌다. 1인당 독서량도 줄었다. 대신 인터넷 서점이 등장했다. 오프라인 서점은 쇼핑몰 구석으로 밀려났다.

사람들은 이제 읽는 콘텐츠에 싫증이 난 것일까? 물론 그것도 이유 중 하나다. 영상 제작에 드는 수고가 크게 줄면서 텍스트의 영역은 줄었다. 아무래도 영상은 정보 습득에 따른 부담이 적다. 스마트폰이 나오면서 영상 시청도 어디서나 가능했다.

하지만 그렇다 하더라도 텍스트가 정보를 습득하기 가장 좋은 도구라는 사실은 변함이 없다. 텍스트는 영상보다 훨씬 많은 정보를 준다. 압축적이며 깊이 있는 내용을 표현하기에도 유리하다. 독자는 각자의 속도에 맞춰 텍스트를 차근차근 받아들인다.

영상에 사용하는 텍스트도 절대 줄지 않는다. 자막과 다양한 텍스트 효과는 영상을 점점 더 가득 채우고 있다. 심지어 한국 영화를 보면서 한글 자막을 켜놓기까지 한다. 넷플릭스가 여기에도 큰 영향을 미쳤다. 넷플릭스는 다양한 언어로 된 자막을 제공하는데, 모국어 자막도 선택할 수 있다. 한글 자막은 영상에 더 몰입하고 스토리를 더 잘 이해하게 한다. 유년기 때부터 텍스트를 접한 사람은 (의외로) 한글 자막에 거부감이 없다. 영상 시대이지만, 사람들이 정보를 가장 빨리, 많이 습득하는 원천은 여전히 텍스트다.

이재웅 다음 창업자가 투자한 퍼블리

대학 시절부터 새로운 콘텐츠 비즈니스를 꿈꾸던 박소령 대표는 퍼블리를 설립하기 전에 언론사와 방송국 등 미디어 기업의 문을 두드렸다. 그러나 돌아오는 답변은 "새로운 콘텐츠 비즈니스를 하고 싶다면 언론사에 오지 마라, 잡지와 출판 다가 아니다"였다. 그는 테크 기반의 콘텐츠를 서비스하는 네이버와 카카오의 생각은 다를 수 있겠다고 생각했다. 그러나 이들 역시 부정적이었다. 당시 네이버 뉴스에서 일하던 사람은 "여기는 주니어들이 새벽 5시에 출근해 언론사들이 보낸 뉴스를 보고 모바일 화면에 적절하게 큐레이션 하는 곳"이라고 말했다.

박 대표는 그러다가 한 투자자를 만났다. 이재웅 다음 창업자였다. 그는 박 대표의 이야기를 한참 듣더니 "기존 조직에서는 원하는 일을 못 할 것이고, 제3의 길이 있는데 그게 바로 스타트업"이라고 조언했다. 퍼블리는 이렇게 탄생했다. 이재웅 창업자는 초기 투자자로 이 여정에 힘을 보탰다.

퍼블리는 '일하는 사람들의 콘텐츠 플랫폼'을 지향하고 있다. 구독자는 퍼블리가 제공하는 다양한 주제의 콘텐츠를 모두 읽을 수 있다. 하지만 시작부터 구독 플랫폼이었던 것은 아니었다. 시작은 콘텐츠 크라우드 펀딩이었다. 2015년 한 해 동안 3개의 콘텐츠 프로젝트를 진행했다. 2016년 5월, 칸 광고제에 관한 콘텐츠를 기획했다. 저자 2명을 뽑아 칸에 보내는 게 핵심인 계획이었다. 당시 처음으로 저자를 공개 모집했고 약 50명이 지원했다. 칸 광고제 콘텐츠 크라우드 펀

딩으로 1,700만 원을 모았다. "디지털 콘텐츠를 팔았는데 1,000만 원이 넘었다고?"라며 퍼블리가 입소문 타기 시작했고 언론의 주목을 받게 됐다.

2017년 7월, 퍼블리는 멤버십 베타를 출시했다. 구독 서비스의 출발이었다. 지표를 관찰하며 고민한 끝에 2018년 1월 구독을 주력 사업으로 결정했다.

단단하게 성장한다

2020년 5월 기준 퍼블리의 구독자 수는 7,000명을 넘었다. 구독 서비스의 가장 큰 장점은 고객의 반응을 깊게 파악할 수 있다는 것이다. 퍼블리도 이 장점을 십분 활용했다. 바쁘지만 공부하고 싶어 하는 20대와 30대 독자를 위해 콘텐츠 길이를 줄였다. 박 대표는 2020년 5월 15일 이코노미조선과의 인터뷰에서 "독자들이 어떤 콘텐츠든 후반부로 갈수록 읽지 않는다는 사실을 데이터를 통해 확인했다"라며 "퍼블리는 전체 웹북의 목차와 글의 양을 줄이고 있다"라고 밝혔다. 그는 "잠깐만 시간을 투자해도 완독할 수 있고 이를 통해 충분한 지식을 얻을 수 있었으면 한다"라며 "2020년 3월부터 소비자 만족도를 높이기 위해 목차는 최대 4개까지만 유지하면서 등록된 글의 분량은 5분쯤으로 크게 줄였다"라고 설명했다.

퍼블리에는 수백 개의 콘텐츠가 쌓여있다. 분야도 다양하다. 주식 투자, 직장 생활, 소프트웨어 툴 활용 방법, 트렌드, 커리어, 마케팅 등의 주제는 2, 30대의 많은 사랑을 받고 있다.

퍼블리는 구독 모델이 최선이라고 생각하지 않는다. 더 다양한 방식의 과금 모델도 고민하고 있으며 새로운 사업 영역도 개척하고 있다. 커리어리와 온에어가 그것이다.

커리어리는 SNS다. 현업 IT 전문가뿐만 아니라 여러 분야의 전문가들이 큐레이션한 다양한 정보를 읽을 수 있다. 그들은 자신들의 코멘트를 큐레이션한 정보에 단다. 업계에 반향을 일으키고 있는 이 서비스는 온갖 정보가 막무가내로 올라오는 페이스북을 일정 부분 대체하고 있다. 이곳에 전문가의 인사이트가 모이고 있으며 그들의 의견이 궁금한 수많은 팔로워가 오고 있다.

온에어는 영상 콘텐츠다. 실무자의 노하우를 영상을 통해 배울 수 있다. 자기소개서 작성법, 인스타그램 운영, 엑셀 노하우, 노션 활용법 등처럼 직장인과 개인 사업자에게 인기 많은 콘텐츠가 연재된다.

퍼블리는 국내 미디어가 하고 싶었지만, 길을 찾지 못했던 분야에서 의미 있는 성과를 달성했다. 중앙일보는 그 뒤를 이어 퍼블리와 유사한 폴인이라는 서비스를 시작했다. 신문 구독 시장이 내리막길을 걷는 지금, 퍼블리라는 선례는 신문사와 방송사, 출판업계에 큰 영향을 미치고 있다.

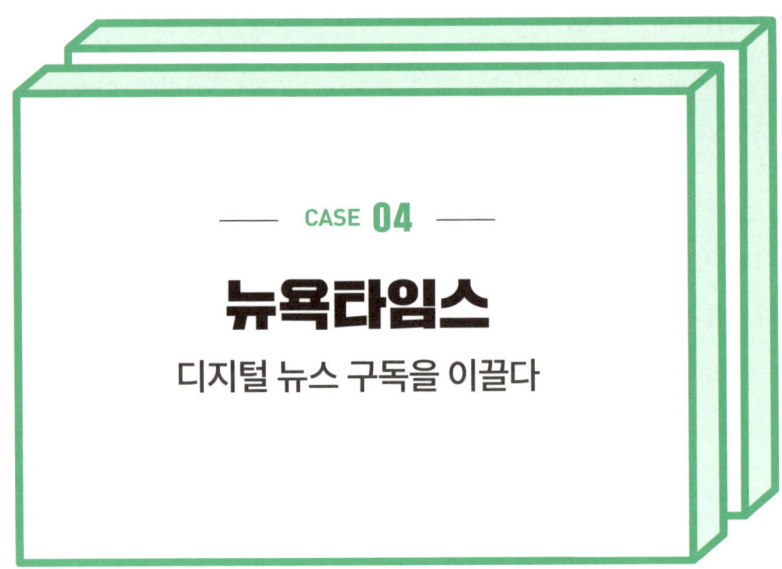

CASE 04
뉴욕타임스
디지털 뉴스 구독을 이끌다

신문은 사양산업?

인터넷의 등장은 뉴스 유통 시장을 완전히 바꾸었다. 종이신문은 아주 오랫동안 정보를 전하는 가장 중요한 도구였다. 최신 정보를 온전히 얻으려면 신문을 사서 읽어야 했다. 뉴스는 끊이지 않으니 신문 구독은 정보를 얻는 일이기도 했다. 그러나 뉴스가 디지털화되면서 이 구조가 완전히 무너졌다. 온라인으로 쉽게 정보를 찾을 수 있게 되었고 복제도 쉬워졌다.

전 세계 신문사는 온라인으로 정보를 유통할 수밖에 없었다. 콘텐츠의 강력한 힘은 여러 온라인 유통기업으로 분산됐다. 특히 검색 엔진을 운영하는 IT 기업은 정보의 통로를 장악했다.

그리고 모두가 신문의 위기를 이야기했다. 어느 정도는 사실이었다. 신문사들은 빠르게 변하는 시대에 적응하지 못했다.

뉴욕타임스의 도전

2014년 미국 최대 일간지 뉴욕타임스(The New York Times)의 '혁신 보고서'가 공개됐다. 이 보고서는 업계에 긴 파장을 남겼다. 보고서를 작성한 팀은 6개월간 354명과 인터뷰했으며 요구 사항 4가지를 보고서에 명시했다.

- 뉴스 도달을 확장하기 위해 체계적으로 접근하라
- 편집국과 비즈니스팀의 협력이 필요하다
- 편집국에 전략팀을 만들어라
- 디지털 우선 전략을 세워라

방대한 분량의 보고서에서 가장 중요한 맥락은 관성에서의 탈피였다. 신문사의 업무는 종이신문 발행과 기자, 두 가지가 중점이다. 혁신하려면 조직 구조를 바꾸고 새로운 도전을 꾸준히 이어가야만 했다.

뉴욕타임스는 혁신 보고서를 받아들였다. 2020년 2분기 뉴욕타임스의 디지털 구독 매출은 1억 8,550만 달러였다. 종이신문 매출인 1억 7,540만 달러보다 많았다. 디지털 콘텐츠를 유료로 전환한 지 9년 만에 이루어낸 쾌거였다. 뉴욕타임스의 디지털 구독자의 수는 계속 증가하고 있다. 2020년 1분기 기준 뉴욕타임스 유료 구독자는 미디어 업계 최초로 600만 명을 돌파했다.

뉴욕타임스가 뉴스만으로 구독자를 확보하고 있진 않다. 요리와 십자말풀이 퍼즐 구독자도 상당하다. 연간 49,000원만 내면 요리 정보와 십자말풀이 퍼즐을 양껏 즐길 수 있다. 2020년 2월, 뉴욕타임스에 따르면 십자말풀이와 요리 앱의 정기구독자만 100만 명이 넘는다. 이 같은 결과는 뉴욕타임스가 끊임없이 독자의 니즈를 찾아 나섰음을 입증한다. 뉴욕타임스는 디지털 구독자의 행동 패턴을 분석해 충성도 높은 구독자와 깊이 있는 관계를 구축하고자 노력하고 있다.

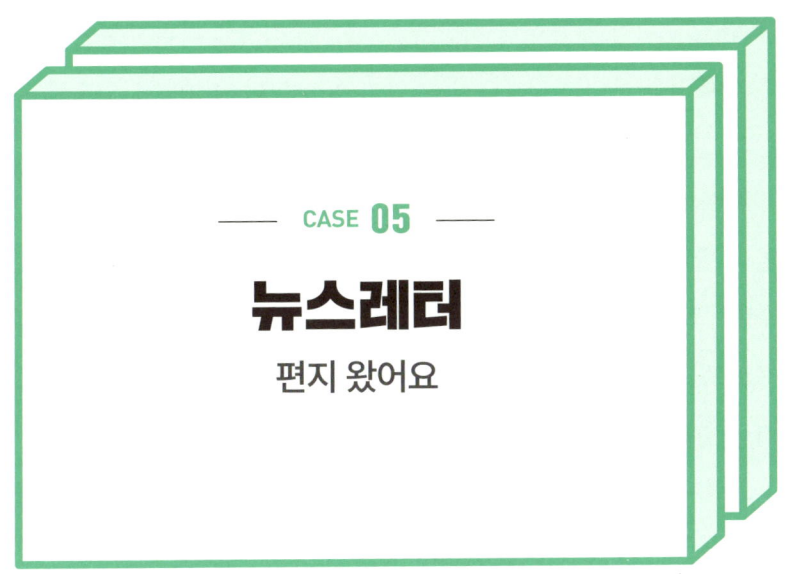

CASE 05
뉴스레터
편지 왔어요

아날로그적 디지털, 뉴스레터

편지를 마지막으로 써본 적이 언제인가? 부모님 생신이나 배우자 생일처럼 특별한 날이 아니면 쓸 일이 없다. 받을 일은 더 없다. 손으로 쓴 편지는 아날로그 시대의 추억이 되었다. 이메일이 그 자리를 대신했다. 기업 대 개인 간 커뮤니케이션 수단에서 이메일이 차지하는 비중은 절대적이다. 개인 간 커뮤니케이션 수단으로도 한때 이메일의 점유율은 상당했다. 그러나 카카오톡 같은 메신저가 나오면서 순식간에 판도가 뒤집혔다. 이런 시장 구조 때문에 직장에 다니지 않는 사람은 이메일을 보내는 것보다 받는 일이 훨씬 많다. 이메일에 익숙한 사람과 그렇지 않은 사람 사이의 심리적 거리도 벌어지고 있다.

뉴스레터(Newsletter)는 구독자에게 정기적 혹은 비정기적으로 이메일을 발송하는 것을 말한다. 초기에는 기업이 고객에게 보내는 광고 수단이었다. 고객이 이메일을 등록하면 기업은 새로운 제품 소식과 프로모션 정보가 주인 메일을 보낸다. 고객과 대면할 수 있다는 점에서 기업들은 여전히 이 뉴스레터를 활용하고 있다.

그런데 삼성전자가 2020년 12월 25일 뉴스레터 서비스를 종료했다. 뉴스레터가 커뮤니케이션 수단으로 다시 부상하는 이때, 왜? 그것은, 뉴스레터가 인기를 끈 배경이 기업의 광고형 뉴스레터가 아니었기 때문이다.

- 잘 정리된 정보
- 니치 마켓에 대한 집중
- 특별한 콘텐츠

위 3가지가 사람들이 뉴스레터를 구독하는 대표적인 이유다. 정보성 콘텐츠, 특히 정보의 홍수 속에서 중요한 것만 건지길 바라는 것이다. 구독자는 언제나 시간을 아끼고 싶어 한다.

뉴스레터 BM의 시작 모닝브루

모닝브루(MORNING BREW)는 전 세계를 대표하는 뉴스레터 서비스다. '5분 만에 똑똑해져라(Become smarter in just 5 minutes).'라는 슬로건을 내걸고 꼭 알아야 할 뉴스를 깔끔하게 정리한 뉴스레터를 구독자에게 발송한다. 2020년 11월 24일, 모닝브루는 구독자가 240만 명을 넘어섰다고 밝혔다. 명실상부한 거대 미디어 기업으로 성장한 것이다. 아침마다 종합 뉴스를 보내는 이 성공에 힘입어 특정 산업의 정보를 다루는 뉴스레터도 제작하고 있다. 이머징 테크 브루(Emerging Tech Brew), 리테일 브루(Retail Brew), 마케팅 브루(Marketing Brew), 사이드킥(Sidekick)이다. 사이드킥은 뉴스레터에서 엔터테인먼트, 레시피, 생산성 등 다채롭고 흥미로운 주제를 다루며 빠르게 성장하고 있다.

모닝브루는 뉴스레터와 광고를 결합해 수익을 내고 있다. 2020년 매출은 200억 원이 넘는 것으로 추산된다. 같은 해 경제 전문 미디어 비즈니스인사이더(Business Insider)는 모닝브루를 약 850억 원에 인수했다. 그만큼 성장성이 높다고 판단한 셈이다.

우리나라에는 뉴닉(NEWNEEK)이 있다. 2018년 7월, 창업 팀은 법인을 설립하고 본격적인 서비스에 돌입했다. 2019년 2월, 뉴닉의 구독자가 1만 명을 넘어섰다. 같은 해 11월에는 10만 명, 2020년 7월에는 20만 명이 넘었다. 2021년 3월 15일 기준 구독자는 30만 2,408명이다.

뉴닉은 국내 정치, 국제, 외교, 경제, 노동, 인권, 테크, 문화, 환경 등 뉴스 전 분야를 모두 다룬다. 월, 수, 금요일마다 뉴스레터를 보내는 뉴닉은 광범위한 정보 중 꼭 알아야 하는 정보를 다루며 넓은 구독자 층을 만들었다.

뉴스레터 제작 툴

모닝브루와 뉴닉의 후발주자들이 계속해서 생겨나고 있다. 이는 전 세계적인 현상이다. 그에 따라 뉴스레터 제작 툴도 인기다.

고스트(Ghost)는 무료로 뉴스레터를 만들고자 하는 독립 작가에게 제작 툴을 제공했다. 메일침프(Mailchimp)는 더 다양한 기능을 제공했다. 다만 일정 수준 이상의 기능을 사용하려면 구독료를 내야 한다. 서브스택(Substack)은 구독료를 받으며 활동하고 싶은 작가들을 위한 툴이다. 이 세 제작 툴은 전 세계적으로 많이 사용되고 있다.

우리나라에는 스티비(stibee)와 메일리(maily)가 있다. 스티비는 기업이 주로 쓴다. 토스, 우아한형제들, 중앙일보, 리디, 민음사처럼 산업과 무관하게 여러 기업이 스티비의 제작 툴을 애용하고 있다. 2020년 서비스를 시작한 메일리는 개인 작가에게는 무료로 툴을 제공한다. 작가가 구독자에게 구독료를 부과할 수 있는 기능도 활용하게끔 지원하고 있다.

누구나 사용할 수 있는 뉴스레터 제작 툴 덕분에 기업과 작가는 손쉽게 뉴스레터 서비스에 도전했다. 경쟁도 치열해졌다. 구독자는 쾌적한 편지함 유지를 위해 구독을 해지하고 있으며 작가는 뉴스레터 오픈율을 높이려고 콘텐츠 제작에 더 많은 시간을 할애하고 있다.

뉴스레터 비즈니스 모델은 크게 두 가지다.

- 많은 구독자를 기반으로 한 광고 수익 모델
- 콘텐츠 유료 구독 모델

모닝브루와 뉴닉은 구독자 수를 늘려 광고 수익을 높이는 데 집중했다. 관건은 광고에 어떻게 가치를 불어넣느냐는 것이었다. 구독자는 도움이 안 되는 광고에는 가혹하다. 모닝브루와 뉴닉은 광고임에도 읽을만한 가치가 있게 최선을 다해 각색한다. 이는 광고주에게도 유익하다.

콘텐츠 유료 구독 모델의 핵심은 차별화된 정보(또는 창의성)다. 특정 분야에 조예가 깊은 기업과 작가에게 적절한 수익 모델이다. 두 모델을 혼합하는 예도 있다. 무료와 유료 콘텐츠를 구분하는 것이다. 무료 콘텐츠는 잠재적 유료 구독자를 넓히는 역할을 하고, 유료 콘텐츠는 작가의 수익을 창출한다.

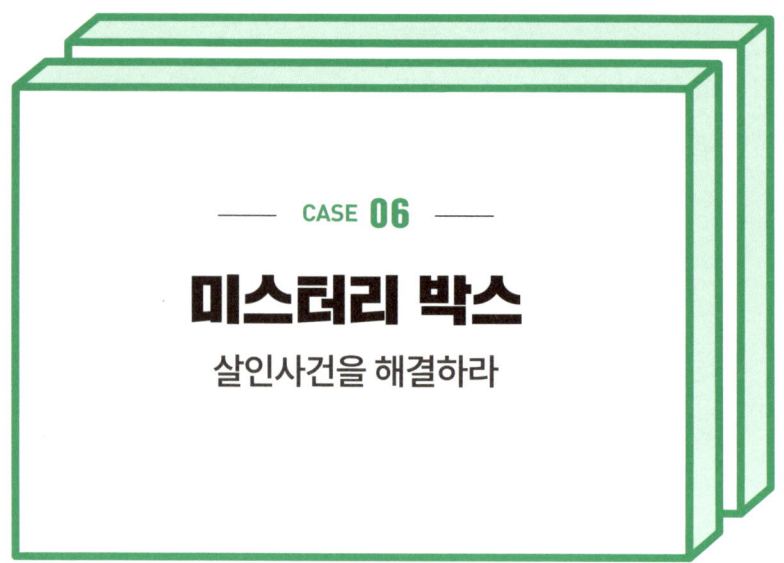

살인 사건이 발생했다

수사물 시리즈는 시대를 막론하고 가장 인기 있는 콘텐츠다. 〈비밀의 숲〉, 〈시그널〉, 〈괴물〉, 〈검법남녀〉 등 국내 수사물은 큰 인기를 누렸다. 해외도 마찬가지다. 〈X파일〉, 〈CSI 시리즈〉, 〈크리미널 마인드〉, 〈콜드 케이스〉, 〈언더커버〉 등 무수한 시리즈가 매년 등장했다. 우리는 이런 수사물에 몰입해 등장인물과 함께 용의자를 찾고 증거를 살핀다.

그런데 단순히 시청하는 게 아닌, 우리가 직접 증거와 자료를 바탕으로 범인을 찾아 나설 수 있게 되었다. 헌트어킬러(Hunt A Killer)는 살인 사건에 대한 증거와 각종 자료를 상자에 담아 구독자에게 보낸다. 구독자는 탐정이 되어 범인을 찾는다. 매달 증거를 받아보게 되며 증거가 쌓일수록 범인에게로 한 걸음 더 다가가게 된다.

헌트어킬러가 제공하는 구독박스는 월 25달러다. 너무 재밌어서 중간에 그만둘 수 없다는 후기를 쉽게 찾아볼 수 있다. 각 사건 시즌은 6개 에피소드로 구성되어 있다. 따라서 6개월 동안 구독박스를 받게 된다. 박스는 수사물에 심취한 헌트어킬러의 직원들이 만든다. 이들은 수사물에 심취한 범죄 전문가와 작가, 게임 디자이너인데, 매 시즌 새로운 에피소드를 집필하고 있다.

구독자는 상자가 오면 그 안의 단서를 꼼꼼히 살펴야 한다. 그 후 용의자들의 알리바이를 확인한다. 구독자 중에는 추리를 위해 증거를 모아두는 별도의 장소를 집안에 마련한 사람도 있다. 형사처럼 벽에 증거를 붙여두는 것이다. 다음 단서가 궁금해 미칠 것 같으면 예정보다 더 빨리 받아볼 수도 있다. 물론, 그러려면 추가 비용을 내야 한다.

헌트어킬러로 대표되는 미스터리 박스 구독 업체는 여럿이 있다. 데드볼트 미스터리 소사이어티(Deadbolt Mystery Society)는 헌트어킬러와는 달리 매달 배송되는 상자가 한 가지 사건만으로 구성된다. 장기간에 걸친 수사보다는 하나에만 진득하게 집중하고 싶어 하는 구독자에게 최적화되어 있다.

방탈출 게임의 온라인 버전

2014년 즈음부터 방 탈출 게임은 우리나라에서 선풍적인 인기를 끌었다. 2015년, 헌트어킬러는 미국에서 사업을 시작했다. 200만 개가 넘는 미스터리 박스를 10만 명이 넘는 구독자에게 제공했다. 매출은 2016년 10만 달러에서 2019년 2,700만 달러로 급증했다.

"누가 굳이 돈 내고 이런 걸 받아볼까?"라는 생각이 드는가? 헌트어킬러는 구독박스에 담긴 소품들을 아주 현실적으로 만들었다. 피 묻은 칼, 소매 단추, 각종 서류, 감정서 등은 마치 진짜 같다. 우리나라의 방 탈출 게임 세트장이 점점 발전하는 것처럼 구독박스의 소품도 소름 돋을 정도로 현실감을 갖추고 있다. 손자가 할머니에게 깜짝 선물로 이 박스를 보냈는데 할머니가 경찰에 신고했다는 일화가 있을 정도다.

이 특이한 구독 모델의 배경엔 헌트어킬러 CEO인 라이언 호건이 있다. 해군에서 17년 복무하고 은퇴한 그는 2009년 스포츠웨어 회사를 차렸다. 그러나 매출은 좀체 증가하지 않았다. 이후 그는 좀비를 피해 도망치는 경주를 기획했다. 하지만 이 회사도 망했다. 그러다가 자신의 다채로운 경험을 바탕으로 새로운 도전에 나섰다. 그게 헌트어킬러다. 사업 초기 자기 집 지하실에서 게임 디자인과 포장, 배송까지 직접 처리했다.

헌트어킬러는 구독 모델을 가장 창의적으로 적용한 사례 중 하나다. 또한, 콘텐츠를 새로운 방식으로 수익과 연결한 사례이기도 하다.

이런 구독 모델은 어떨까? 새로운 수사물 TV 시리즈와 구독박스를 함께 선보이는 것이다. 제작사는 방영을 앞두고 구독자를 모은 뒤 다양한 단서와 자료를 사전 배송한다. 구독자는 그 단서로 나름의 결론을 내린다. 그리고 TV 프로그램을 감상한다. 구독자(시청자)가 콘텐츠를 즐기는 색다른 방식이다.

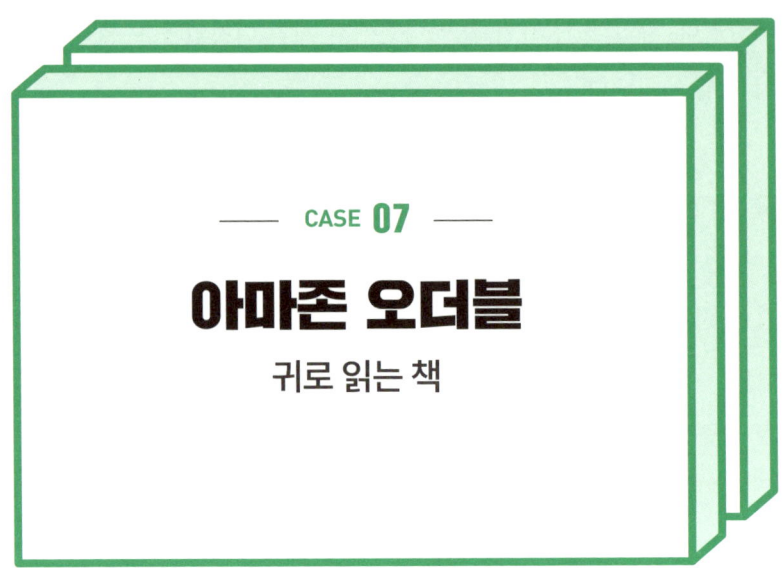

— CASE 07 —
아마존 오더블
귀로 읽는 책

책을 들려드립니다

오더블은 설립 초기에는 오디오북 시스템을 만드는 기업이었다. 하드웨어와 음성 서비스를 제공하던 오더블이 구독을 도입한 것은 2000년이다. 소비자 참여를 늘리고 기업이 안정적인 수익을 낼 수 있게 하기 위해서다. 2008년 1월 31일, 아마존은 어더블을 인수했다. 그들은 자회사인 전자책 디바이스 킨들과 오더블의 시너지를 기대했다. 아마존의 오더블은 세계 1위 오디오북 스트리밍 플랫폼이 됐다.

연동성을 내세운 아마존의 마케팅은 성공적이었다. 아마존에서 사고 싶은 책을 검색하면 킨들, 오더블, 하드커버, 페이퍼백의 검색 결과를 한 번에 볼 수 있다. 구독 서비스 역시 연동성을 통해 더 많은 소비자를 흡수할 수 있었다. 오더블을 구독하면 킨들 1개월 무료 구독 혜택을 제공하는 프로모션을 선보인 것이다.

그렇다면 세계에서 가장 큰 오디오북 플랫폼에는 얼마나 많은 책이 있을까? 오더블에는 현재 50만 권 이상의 오디오북, 공연, 다큐멘터리, 팟캐스트, 외국어 등 다양한 장르의 오디오 콘텐츠가 있다. 그뿐만 아니라 오디오북을 중심으로 여러 구어 콘텐츠를 생산해 팔기도 한다. 오더블에서만 즐길 수 있는 오리지널 콘텐츠인 셈이다.

오더블 구독 서비스의 핵심 가치는 구독 플랜으로 이 모든 콘텐츠를 즐길 수 있다는 점이다. 오더블에는 두 가지 구독 옵션이 있다. 오더블 플러스(매월 7.95달러)와 오더블 프리미엄 플러스(매월 14.95달러)다. 두 옵션의 차이는 크레딧에 있다. 프리미엄 플러스는 한 달에 1크레딧을 준다. 이 크레딧으로 책을 한 권 다운받으면 평생 소장할 수 있다.

한 달에 1권이면 너무 비싼 거 아니냐고 생각할 수 있다. 그러나 오더블의 강점을 되새겨 보자. 선택한 책을 평생 소장할 수 있고, 구독 기간 중 쉽게 책을 교환하면서 자유롭게 즐길 수 있다. 산 책만 볼 수 있고 교환이 어려운 오프라인 서점과는 다르다. 게다가 한 번 고른 책을 끝까지 책임지고 읽어야 하는 부담과 새 책을 여러 권 사야 하는 부담도 없애준다. 작은 디바이스 하나에 모든 오디오북을 담을 수 있으니 무거운 책을 들고 다닐 필요가 없다.

단 하나뿐인 책: 오리지널 콘텐츠

세상 어디에도 없는 책을 읽을 수 있다면 어떨까? 인기 있는 작가의 책을 서점 한 군데서만 볼 수 있다면? 그 작가의 팬들은 그곳에 머물 것이다. 오더블이 수많은 오디오북 플랫폼 사이에서 가장 인기가 있었던 이유가 여기에 있다.

오더블에는 오리지널 콘텐츠가 있다. 다른 서점이나 오디오북 시장 어디에서도 접할 수 없는 오더블만의 오디오북이다. 넷플릭스 오리지널 콘텐츠와 유사하다. 장르를 넘나드는 훌륭한 오디오 콘텐츠들을 오더블에서만 들을 수 있다니, 독점적인 오리지널 콘텐츠는 소비자의 구독 심리를 불러일으키는 매력이 있다.

최근, 오디오북 시장의 구독 경쟁은 더욱 치열해지고 있다. 구글과 월마트 같은 대형 기업들도 이 시장에 들어섰다. 이에 오더블은 출판사나 작가들과 독점 계약을 맺고 있다. 오리지널 콘텐츠를 생산하기 위해서다. 머니볼, 블라인드 사이드, 빅쇼트를 쓴 마이클 루이스도 오더블과 계약했다. 오디오 콘텐츠 제공자의 한계를 넘어 콘텐츠 생산자로서 자리매김한 오더블의 활약이 기대된다.

오디오 시장의 부활

MTV 개국과 함께 송출된 노래가 있다. "Video killed the radio star." 비주얼 시대의 문을 여는 80년대를 상징했던 노래다. 2020년대에 들어선 지금, 비디오가 오디오를 장악했다는 말은 또 한 번 옛말이 됐다. 바쁜 현대인들이 비디오보다 가볍게 즐길 수 있는 오디오를 되돌아보게 된 것이다.

사람들은 왜 다시 오디오 시장을 찾을까? 오디오 콘텐츠는 부담이 없다. 휴일에 넷플릭스를 몰아보는 것이 특혜처럼 여겨진 때가 있었다. 하지만 보고 싶었던 프로그램을 온종일 보려면 다른 건 제쳐두고 영상에만 몰두해야 한다는 단점이 있다.

오디오 콘텐츠는 멀티태스킹을 가능하게 한다. 시간을 온전히 투자해야 한다는 부담이 없다. 스마트폰 화면 하나도 여러 개로 나눠 보는 젊은 세대에게 멀티태스킹은 매력적이다. 운전하거나 출퇴근하는 와중에도 가볍게 들을 수 있다. 업무에 열중하면서 잔잔한 배경음악처럼 흘려들을 수도 있다. 오디오북 역시 시간을 투자해 책을 읽어야 한다는 진입 장벽을 낮췄다. 한국의 오디오북 플랫폼 윌라의 경우 콘텐츠 평균 완청률이 42%로 전자책 완독률인 10%대보다 높았다.

오디오 디바이스의 성장도 오디오 콘텐츠를 더욱 주목받게 했다. 노이즈 캔슬링, 무선 블루투스 이어폰, AI 스피커와 같은 오디오 기기의 등장으로 더욱 좋은 품질로 콘텐츠를 소비할 수 있게 됐다. 또한, ASMR, 명상 등 다른 플랫폼과 시너지를 낼 수 있는 오디오 콘텐츠가 등장하며 시장에 변화를 주었다.

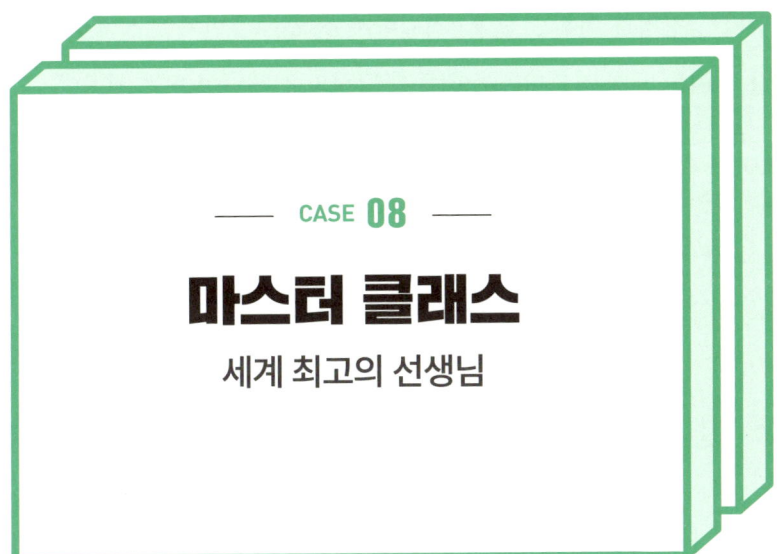

CASE 08
마스터 클래스
세계 최고의 선생님

대가들의 경험을 사다

경험은 돈 주고도 못 산다는 말이 있다. 그런데 마스터 클래스에서는 경험을 사고판다.

 마스터 클래스는 온라인 강의 스트리밍 플랫폼이다. 요리, 사진, 글쓰기, 리더십 등 수백 개 강의를 들을 수 있다. 특별한 점이 있다면 마스터 클래스가 제공하는 '월드 클래스'다. 한 번 구독하면 세계 각 분야 거장들의 경험을 통째로 살 수 있다. 디즈니의 CEO 밥 아이거, 스타벅스 창업자 하워드 슐츠, 경제학자 폴 크루그먼처럼 실제로는 만나기 힘든 세계 최고의 마스터들이 당신의 선생님이 되는 것이다.

마스터 클래스는 연 180달러의 결제 모델을 제공한다. 여기에는 모든 강의를 들을 수 있는 권한과 교육 내용을 담은 PDF가 포함된다. 새로운 강의는 매달 추가된다. 월 구독은 없다. 일회성으로 강의를 듣고 해지하는 경우를 막기 위해서다.

기존의 온라인 강의는 직무와 관련한 교육적 기술에 중점을 두었다. 그러나 마스터 클래스는 전통적인 교육에서 벗어나야 한다고 말한다. 교육적 스킬보다는 경험을 통한 깨우침을 내세운 것이다. 여기에서 마스터 클래스의 독특한 정체성이 드러난다. 이 플랫폼의 메인 포지셔닝은 엔터테이닝 교육 플랫폼이다. 흥미와 즐거움을 일으켜 교육으로 연결한다는 의미다.

질(quality)의 승부

스테판 커리보다 3점 슛을 더 잘 가르칠 사람이 있을까?

마스터 클래스는 강의의 '질(quality)'로 승부수를 띄웠다. 팬데믹 이후 치열해진 온라인 교육 플랫폼 경쟁에서 앞서기 위해서다. 이는 수많은 플랫폼과는 전혀 다른 방향이었다. 경쟁 업체는 대부분 구독 이탈을 막으려고 끊임없이 새로운 콘텐츠를 내놓았다. 그러나 마스터 클래스는 수강생이 원하는 게 '양'이 아닌 '질'임을 깨달았다.

마스터 클래스가 제공하는 것은 그저 내가 못 해본 타인의 경험이나 단순한 전문가의 경험이 아니다. 세계적으로 인정받은 월드 클래스 전문가의 경험으로 강의의 수준을 높였다. 요리는 고든 램지, 연기는 사무엘 L 잭슨, 테니스는 세레나 윌리엄스에게 배울 수 있다! 강의 하나하나가 최고 수준의 기획과 강사진으로 구성되어 있다.

퀄리티는 유행에 휘둘리지 않는다. 각 분야에서 오랫동안 쌓아온 지위와 경력에 관해 이야기하는 강의를 통해 온라인 강의 플랫폼이 안고 있는 짧은 유통기한이라는 한계를 극복했다.

2030이 이끄는 온라인 클래스

2030 직장인들의 자기 계발을 도와주는 온라인 클래스가 인기다. 종류도 많다. 현직자들과 정보 공유할 수 있는 수업부터 제2의 직업을 탐색해 보는 수업도 있다. 인기의 배경에는 디지털 전환과 주 52시간제 확대 도입이라는 사회적 요인이 있다. 이직과 창업이 활발해지자 자신만의 경력을 만드는 게 중요해졌다. 더불어 젊은 직장인들 사이에서 삶의 질 향상이 트렌드로 자리 잡았다. 여가에 온라인 강의를 들으며 자신을 위한 투자를 하는 경우가 늘어난 것이다. 2030 직장인들이 성인 교육 시장의 성장을 이끌고 있다.

이런 사회적 흐름 속에서 온라인 강의 플랫폼들은 구독 서비스를 대거 도입하고 있다. 온라인에 중심을 둔 디지털 플랫폼에 구독 서비스는 더없이 적합하다. 구독경제는 온라인 교육 플랫폼 성장에 밑거름이 되고 있다. 글로벌 마켓 인사이트에 따르면, 글로벌 이러닝 시장 및 디지털 콘텐츠 기반의 구독 시장은 2025년 약 339조 원 수준으로 성장할 전망이다.

자기 계발 도구로 클래스 플랫폼을 활용하는 소비자들은 더욱 새롭고 다채로운 콘텐츠를 찾고 있다. 다양한 주제의 커리큘럼을 한 번에 받길 원한다는 소리다. 이는 양보다 질을 앞세워 소비자들을 사로잡았던 마스터 클래스가 해결해야 할 새로운 과제다.

6장

IoT 구독, 하드웨어와 소프트웨어의 연결

당신이 제공하는 혜택이 무엇이든 고객의 관심을 끌 수
있다면, 고객은 당신 문 앞으로 달려올 것이다.

_ 제인 애플케이트

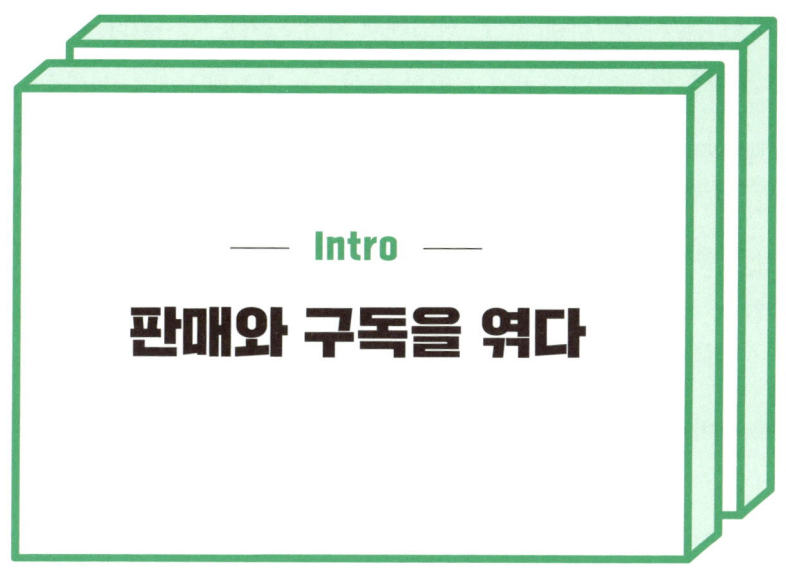

Intro
판매와 구독을 엮다

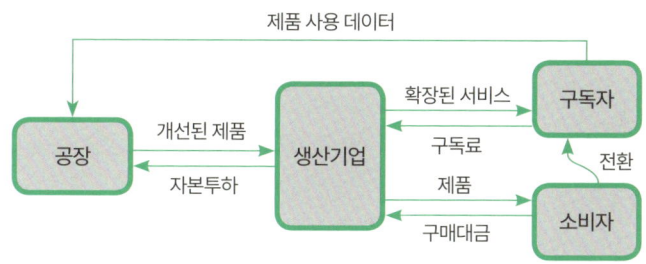

IoT 구독 모델

몇 년 전, 사물인터넷(IoT)은 산업계의 가장 뜨거운 감자였다. 세상에 존재하는 유무형의 객체를 다양한 방식으로 연결해 새로운 서비스로 제공하는 것. 단어에서 보여주듯 사물이 인터넷으로 연결되는 것이다. 그 대상에는 제한이 없다. 냉장고, 청소기 등 가전제품뿐만 아니라 명품 가방, 반려동물, 나무, 볼펜 등 전자기기와 무관한 것들도 인터넷으로 연결된다.

사물인터넷은 필연적으로 소프트웨어가 핵심일 수밖에 없다. 애초에 서비스 산업의 진보를 지향했고, 서비스는 환경에 따라 변화해야 하므로 소프트웨어 역시 사물의 쓰임에 대한 데이터를 항상 업데이트해야 하고 그 데이터에 맞춰 소프트웨어도 업그레이드해야 한다.

익숙하지 않은가? 데이터 축적과 항시적인 업데이트는 SaaS 구독 모델이 추구하는 구조다. 사물인터넷이라는 단어를 다시 한번 살펴보자. 인터넷은 구독 모델을 이끌고 있다. 특히 SaaS는 구독 모델의 중심에 있다. 그러나 사물의 유통 구조는 아직 구독보다는 판매에 머물러 있다. 정수기나 안마의자가 구독 모델로 유통되고는 있지만, 종류가 제한적이다. 사람들은 여전히 유형의 제품을 구독하는 데 익숙하지 않다.

그러나 사물이 소프트웨어와 결합하는 순간, 다양한 수익 구조가 탄생한다. 구매와 구독이 적절히 조합된다. 제품과 서비스 등 전체 중 일부는 구매하고 일부는 구독하는 방식이 자리 잡고 있다. 구독은 기업과 개인을 한 생태계에 머물게 하면서 다음 구매 확률을 높인다. 또 구매는 구독 심리를 자극한다. 자신이 산 제품이나 서비스의 효율을 높이려면 구독해야 하기 때문이다.

구매와 구독의 역학 관계는 앞으로 상당 기간 조율될 것이다. 그 가운데서 기업은 최적화된 지점을 찾을 것이다.

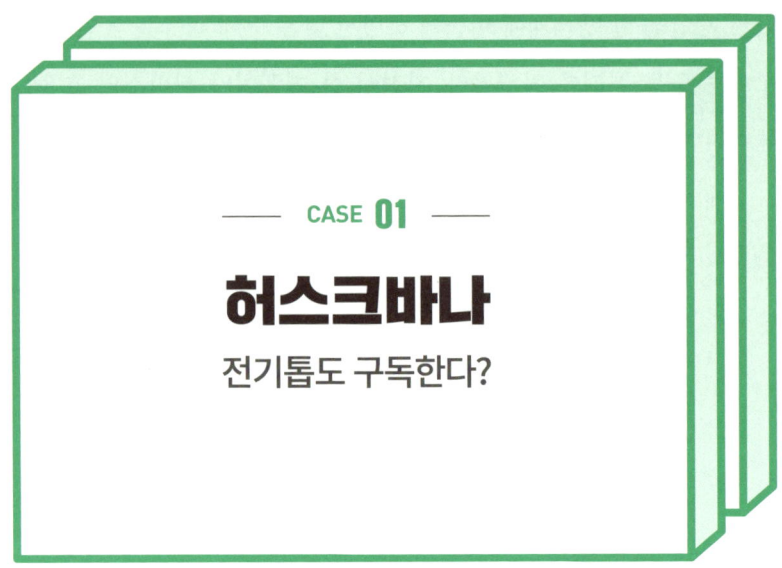

허스크바나
전기톱도 구독한다?

야외 정원 장비가 필요할 때

구독 모델은 스타트업의 전유물이 아니다. 오히려 한 분야에서 독보적인 기술력과 브랜드를 보유한 기업이 구독 비즈니스 모델을 무기로 활용할 때 그 시너지는 엄청나다. 자신의 영토를 더욱 공고히 할 수 있기 때문이다.

허스크바나(Husqvarna)는 엔진톱, 로봇모어, 예초기, 승차식 잔디깎기 등 야외 정원 장비를 만드는 기업이다. 이 기업의 역사는 오래됐다. 무려 1689년부터 제품을 제조했다. 이 역사적인 기업은 엔진톱에 진동 방지와 자동 체인 브레이크 기능을 추가했고 세계 최초로 상용 로봇모어를 개발했다.

허스크바나는 어떻게 구독 모델을 활용했을까?

이 기업은 허스크바나 플릿 서비스(husqvarna Fleet Services)를 내놓았다. 이 서비스를 통해 고객은 보유한 허스크바나의 제품을 앱에 등록한 뒤 데이터를 연동할 수 있다. 방법은 간단하다. 장비에 허스크바나 센서를 부착하면 된다. 고객은 장비가 어디에 있는지, 얼마나 사용했는지, 언제 교체해야 하는지 등을 파악할 수 있다. 또 앱으로 장비를 완전히 제어할 수 있다. 월 구독료는 2달러 전후로 매우 저렴하다.

야외 정원 장비의 강자로 이미 수많은 고객을 두고 있는 허스크바나의 새로운 구독 서비스는 하드웨어와 소프트웨어를 잇는 탁월한 전략이다. 구독료를 저렴하게 책정했을 때의 장점은 두 가지다. 첫째, 추가적이며 안정적인 수익을 창출할 수 있다. 둘째, 기존 고객을 더 장기간 허스크바나의 사용자로 묶어둘 수 있다. 앱으로 장비를 관리하는 고객은 향후 수리나 교체 등을 해야 할 때 허스크바나를 재방문할 확률이 높기 때문이다.

하드웨어 + 소프트웨어

허스크바나처럼 하드웨어와 소프트웨어를 결합한 구독 모델은 앞으로 뜨거운 주제가 될 것이다. 구글은 네스트 어웨어라는 카메라 장비를 판매하고 있다. 이는 구글 클라우드와 연결된다. 고객은 집 안팎에 네스트 어웨이를 설치한 뒤 구독 프로그램에 가입하게 된다. 이후 집 주변을 비추는 CCTV를 쉽게 조정할 수 있다. 그렇다. 구글은 애초에 스마트홈을 위해 카메라를 만들었으며 지속적인 수익 창출을 위해 이 하드웨어를 소프트웨어 구독과 연결한 것이다. 구글다운 전략이다.

사물인터넷은 우리 사회의 화두다. 더 많은 사물이 인터넷과 연결되고 있다. 냉장고, TV, 자동차, 화분, 침대 등 전자기기가 아니었던 것도 인터넷과 이어지고 있다. 강력해진 연결성은 구독 비즈니스 모델로 진화할 잠재력을 지니고 있다. 과거 인터넷 플랫폼 스타트업이 다양한 아이디어로 출사표를 던졌듯 이번에는 사물인터넷과 관련된 참신한 구독 모델 아이디어가 속속 등장할 것으로 보인다.

하드웨어와 연결한 미래의 구독 모델을 상상해보자.

잠에서 깨어 침대에서 내려온 김지현 씨는 앱으로 수면 패턴을 확인한다. 이 서비스는 국내 가구업체와 한 병원이 함께 만든 구독 서비스다. 침대는 무게 센서와 음성 인식 센서 등을 통해 수면 패턴을 병원으로 전송한다. 병원은 이 데이터를 기반으로 고객의 건강을 분석한다.

지현 씨는 식탁에 앉아 아침 식사를 즐긴다. 식탁 위에 달린 작은 카메라는 식탁 위 음식을 인식해 열량과 영양분을 계산한다. 이미 수많은 가정에 설치된 이 카메라는 머신러닝을 통해 새로운 유형의 음식 이미지와 열량 및 영양분을 끊임없이 업데이트한다. 지현 씨는 이 서비스를 아이들의 식습관을 추적하는 데 특히 유용하게 쓰고 있다.

지현 씨는 골프장을 가려고 대문을 열었다. 집 앞에는 이번에 새로 출시한 SUV가 있다. 자동차 구독 서비스를 이용하는 그녀는 매달 한 번씩 원하는 차종으로 교체할 수 있다. 키는 필요 없다. 손잡이에 지문을 인식하면 바로 운전할 수 있다.

골프장에 도착한 김 씨는 18홀을 돌았다. 그러자 알림이 왔다. 골프채에 내장된 센서는 김 씨의 자세와 임팩트의 세기, 퍼포먼스 등을 기록한다. 이 센서는 골프장 홀 정보와 연동되어 있다.

우리의 소비 중 구독료가 차지하는 비중은 점점 커질 것이다. 그렇다고 지출이 늘어나는 것은 아니다. 소유를 위한 소비는 감소할 것이기 때문이다. 매달 통신료와 월세를 내듯 미래에는 다채로운 서비스와 제품을 이용하기 위해 또 다른 구독료를 내게 될 것이다. 옛날 신문사가 시작했던 구독 서비스는 소프트웨어 기업을 거쳐 산업 전반으로 퍼지고 있다.

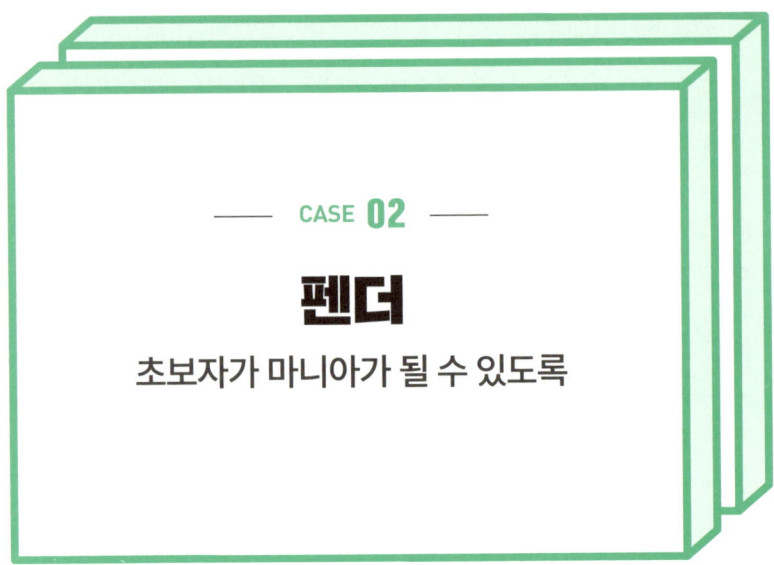

펜더
초보자가 마니아가 될 수 있도록

진짜 고객이 누구인가?

펜더(Fender)는 미국의 전기악기 브랜드다. 일렉트릭 기타와 베이스, 앰프로 유명하다. 깁슨(Gibson)과 함께 전기악기 부문의 글로벌 리딩 기업이기도 하다. 일렉트릭 기타 디자인의 원형도 이 펜더가 만들었다.

펜더 이전의 시대에는 장인이 악기를 만들었다. 1946년 설립된 펜더는 대량 생산 제품임에도 독보적인 품질의 일렉트릭 기타를 선보였다. 이로써 돈이 부족한 사람도 기타를 즐기는 시대를 앞당겼다는 평가를 받았다.

하지만 시대는 변했다. 젊은 세대가 힙합과 EDM을 즐기면서 기타 판매량이 감소했다. 펜더와 깁슨은 속수무책이었다. 깁슨은 2018년 파산 직전까지 몰렸으며 공장을 폐쇄하기까지 했다. 그런데 펜더의 매출은 더 높아졌다!

펜더도 깁슨과 같은 위기에 있었다. 기타 판매량 감소로 힘들었던 펜더는 2015년 앤디 무니(Andy Mooney)를 CEO로 앉혔다. 그는 나이키와 디즈니에서 일한 마케팅 베테랑이었다. 그는 취임 직후 펜더의 소비자를 이해하는 일에 착수했다. 그 결과는 예상 밖이었다.

일렉트릭 기타를 새로 구매하는 고객의 절반이 여성이었다. 대부분 남성일 것이란 고정관념이 완전히 틀렸던 것이다. 펜더 기타를 구매하는 사람 대부분은 음악가가 아닌 일반인이었고 이들 중 대부분은 3개월 만에 기타 치기를 포기했다. 이들은 악기보다 레슨에 돈을 더 썼다.

펜더가 집중해야 할 고객이 명확해졌다. 이제 막 악기를 배우기 시작한, 일렉트릭 기타의 매력에 빠진 초보자들. 악기를 산 초보자가 언제든 쉽게 연주법을 배우도록 지원한다면? 기타에 빠져들 것이고 이는 펜더의 매출로 연결된다. 펜더는 이미 일렉트릭 기타 시장의 강자였기에 충분히 가능한 이야기였다.

월 9.99달러 레슨

2017년, 펜더는 동영상 강의 애플리케이션인 펜더 플레이(Fender Play)를 공개했다. 월 9.99달러인 이 앱은 기타 초보자가 악기를 쉽게 익힐 수 있도록 돕는다. 기타, 베이스, 우쿨렐레 등 다양한 악기와 더불어 유명한 노래의 연주법도 배울 수 있다. 온라인 교육이기에 시간과 장소에 상관없이 레슨받을 수 있다. 단계도 세분되어 있다. 자신의 실력에 맞춰 콘텐츠를 선택할 수 있다. 학습 과정을 추적할 수도 있다.

기타를 만들고 판매하던 기업이 기타 서비스 기업으로 탈바꿈한 것이다. 펜더의 매출은 코로나가 확산하던 2020년 크게 치솟았다. 집에 머무는 시간이 늘면서 많은 사람이 혼자 악기를 연주하는 시간도 늘었기 때문이다. 펜더 플레이는 이 같은 변화의 시기에 큰 힘을 발휘했다. 펜더는 그 해 7억 달러의 매출을 기록했다. 이는 2019년 6억 달러보다 크게 상승한 수치다.

펜더의 사례는 제품과 소프트웨어, 구독 모델의 유기적인 연결이 얼마나 효과적인지 보여준다. 좋은 제품을 만들기만 하면 된다는 구식 사업 철학은 이제 통용되지 않는다. 장인 정신이 최고의 결과를 빚어내려면 고객을 완전히 이해해야 함을 펜더는 증명했다.

펜더는 수많은 B2C 비즈니스에 아직도 새로운 기회가 있음을 보여주었다. 펜더 플레이는 고객을 구독자로 끌어들임으로써 제품 재구매율을 높였다. 더 나아가 구독 모델을 든든한 현금 창출 통로로 성장시켰다. 지금까지 쌓아왔던 펜더의 위상이 구독 모델의 수익성을 극대화한 측면도 있다. 그러나 펜더는 위기를 맞은 B2C 기업이 어떻게 구독 모델을 활용할 수 있는지 모범 사례를 제시했다.

온라인 강의 플랫폼이 범람하고 있다. 우리나라에도 클래스101, 패스트캠퍼스처럼 급성장하는 플랫폼이 있다. 그래도 펜더처럼 한 산업에서 강력한 제품 경쟁력을 보유한 곳이 특유의 강점을 살릴 여지는 충분하다. 가령 식품 기업은 조리법 구독 모델을 만들 수도 있고, 스포츠 장비 기업은 운동법에 대한 구독 모델을 제시할 수도 있다.

CASE 03
펠로톤
집에서도 강사와 운동한다

센서로 현장감 살린 운동 강의

운동 못 하는 이유는 많다. 퇴근하면 밖에 나갈 기운이 없다. 하려고 해도 여름엔 덥고 겨울엔 추워서 발이 쉽게 떨어지지 않는다. 집에서 운동하려고 해도 제대로 하고 있는지 알 수가 없다. 강사와 함께 집에서 편하게 운동할 수 있다면 얼마나 좋을까? 이 시장을 공략한 기업이 바로 펠로톤이다.

펠로톤은 운동 장비를 구매하면 운동 콘텐츠를 구독할 수 있는 서비스를 제공했다. 펠로톤이 판매하는 트레드밀과 실내 자전거에는 콘텐츠를 볼 수 있는 모니터가 달려있다. 언뜻 보면 헬스장에서 볼 수 있는 셋톱박스가 장착된 트레드밀이나 실내 자전거 같다. 차별점은 펠로톤의 장비와 콘텐츠의 연결성에 있다.

펠로톤 구독자는 강사와 함께 라이브로 운동하게 된다. 사용자가 움직이면 장비의 센서를 통해 사용자의 운동 데이터가 강사에게 전달된다. 강사는 실시간으로 피드백한다. 실제 센터에 가서 운동하는 것과 같다. 라이브 방송을 보면서 운동하는 이들끼리 소통할 수 있는 플랫폼까지 제공한다. 꾸준히 운동할 수 있는 의지를 길러준다. 이처럼 장비의 센서와 콘텐츠 구독, 소통 플랫폼이 결합한 서비스는 큰 호응을 얻었다. 이용자 수는 2019년 140만 명에서 2020년 310만 명, 2021년에는 590만 명으로 성장했다.

미래는 구독 모델에 있다

펠로톤은 최근, 여기서 한발 더 나아가 구독 모델을 확장하면서 비즈니스 모델에 변화를 꾀했다. 이를 위해 넷플릭스의 구독 서비스를 설계했고 스포티파이에서도 중역으로 근무했던 배리 매카시를 CEO로 영입했다. 평소 펠로톤 서비스를 꾸준히 구독하던 그는 초기 투자자들에게 연락해 CEO 취임 의사를 전했다고 한다.

펠로톤의 기존 수익 모델은 장비 판매와 콘텐츠 구독으로 나뉘어 있었다. 그중 더 매출이 많은 부문이 바로 고가운동장비 판매였다. 그러나 코로나19의 엔데믹 전환으로 운동 장비 수요가 떨어지면서 매출이 감소했다. 이에 대한 해결책으로 나온 것이 바로 장비 구독제다. 콘텐츠를 이용하려면 비싼 운동 장비도 함께 사야 했지만, 2022년 3월부터 실내 자전거를 구독할 수 있게 됐다. 일반 모델은 월 45달러, 고급 모델도 월 60달러에 불과하다. 구독을 취소해도 자전거 반품비는 받지 않는다. 기기가 마음에 들면 중간에 구매할 수도 있다.

펠로톤은 원래 '피트니스계의 넷플릭스'로 불렸다. 콘텐츠를 선별 제공하는 넷플릭스처럼 강사를 직접 선발해 운영했기 때문이다. 펠로톤은 콘텐츠 제공 범위를 확장하기 위해 누구나 운동 영상을 올릴 수 있는 플랫폼으로 전환하겠다고 선언했다. 제공하는 콘텐츠 범위를 넓혀 운동 영상 서비스 구독률을 높이려는 조치다.

또한, 콘텐츠 구독 모델을 확장하고자 타사의 운동 장비에도 콘텐츠를 노출하는 '프리미엄(Freemium)' 모델 도입을 고려하고 있다. 프리미엄 모델은 기본 서비스 사용에 가격을 매기지 않고 추가 서비스를 이용할 때 과금이 들어간다. 이 모델을 통해 장비를 사지 않고 콘텐츠만 이용할 수 있다는 점을 강조하려는 듯하다. 프리미엄 서비스와의 시너지를 위해 애플워치나 갤럭시 워치 등 운동 데이터를 수집할 수 있는 서드파티 장비와의 연동도 고민하고 있다. 매카시 CEO는

2022년 2분기 실적을 발표하며 "타사 하드웨어에서도 우리의 콘텐츠를 활용할 수 있으면 기쁠 것"이라고 말한 바 있다. 그는 이 방법이 구독자 수를 늘릴 방법이라고 덧붙였다.

데이터를 통한 제조업과의 시너지

'요가복의 샤넬'이라고 불리는 룰루레몬 같은 운동복 기업도 구독 모델에 뛰어들었다. 룰루레몬은 홈 트레이닝 기업인 '미러(Mirror)'를 5억 달러에 인수했다. 미러가 개발한 거울에는 강사와 사용자의 모습이 동시에 표시되기 때문에 운동할 때 자세가 올바른지 실시간으로 확인할 수 있다. 룰루레몬은 1년 치 구독료를 내면 미러를 무료로 제공한다.

  룰루레몬은 콘텐츠 구독 모델을 도입함으로써 자사 주요 제품인 운동복과의 시너지를 노릴 수 있게 됐다. 미러에 노출되는 운동 강사들에게 룰루레몬 운동복을 입혀 구매 의욕을 지피고, 룰루레몬 제품을 주문할 수 있는 기능을 넣어 운동복 판매량을 높인다. 룰루레몬이 미러를 통해 수집한 실시간 데이터를 활용해 운동에 더 적합한 운동복을 개발할 것으로 전문가들은 기대하고 있다.

  이처럼 사용자의 데이터를 활용할 수 있는 IoT 구독 모델은 제조업 분야에도 적용할 수 있다. 룰루레몬이 했던 것처럼 센서를 장착하고 사용자 데이터를 수집함으로써 추가적인 시장 조사 없이도 고객의 요구 사항을 반영할 수 있다. 그래서 차별화된 제품으로 타사 제품과의 경쟁에서 이길 수 있다. 콘텐츠 구독 매출을 통한 추가적인 수입은 보너스다.

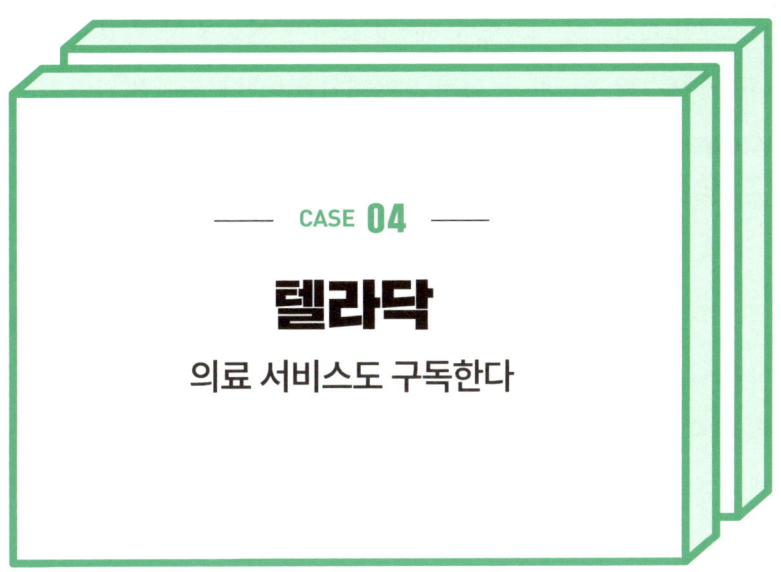

CASE 04
텔라닥
의료 서비스도 구독한다

회사가 구독하면 직원은 무료

미국의 원격진료 시장은 탄생부터 가파르게 성장해왔다. 미국의 의료 접근성이 매우 떨어지기 때문인데, 1차 병원에서 진단받기 위해 기다리는 기간이 평균 20.6일이다. 감기 같은 가벼운 질환도 3주나 기다려야 한다.

의료 접근성이 잘 갖춰지지 않던 미국에 혜성처럼 등장한 기업이 바로 텔라닥이다. 2002년 설립된 텔라닥은 미국에서 가장 큰 디지털 헬스케어 기업으로 성장했다. 365일 24시간, 진료 신청 후 10분만 기다리면 의사와 상담할 수 있는 것은 획기적이었다. 진료 범위도 넓다. 감기부터 암까지 450개 전문 분야를 포함하는 원격진료와 만성질환 관리 서비스를 제공한다.

보통 구독 모델은 고객에게 직접 서비스하는 B2C 형태를 띠지만, 텔라닥은 B2B2C다. 회사가 텔라닥에 가입하고 연간 서비스를 구독하면 필요할 때마다 임직원이 원격진료를 받는 것이다. 임직원은 돈을 내지 않는다. 회사에서 제공하는 보험으로 텔라닥 서비스를 이용했기 때문이다. 포춘 500대 기업 중 50%가량이 텔라닥 서비스를 구독하고 있다.

텔라닥은 지속적인 관리가 필요한 만성질환 케어를 통해 추가로 구독자를 늘리려 한다. 미국의 만성질환 환자는 약 1억 4,700만 명이며 그중 40% 이상은 2개 이상의 만성질환을 앓고 있다. 고혈압, 당뇨, 비만 등 만성 질환끼리의 연관성이 높기에 서비스 교차 판매 가능성이 크다고 여겨진다.

실제로 텔라닥의 만성질환 케어 사용자 수는 크게 늘고 있다. 2022년 6월 30일 기준 가입자 수는 80만 명으로 전년 대비 13% 늘어난 수치다. 그중에서도 정신 관리 서비스인 베터헬프(BetterHelp)가 전체 매출에서 차지하는 비중이 전년 대비 40% 늘어 가파른 성장세를 보였다. 현재 이 서비스는 기업 고객 임직원이 대상이지만, B2C 사업을 개시할 경우 더 큰 성장 잠재력이 있다고 볼 수 있다.

환자 맞춤형 밀착 케어

텔라닥의 사업 중 IoT 활용이 두드러지는 분야가 바로 만성질환 케어 서비스다. 만성질환 환자의 건강 데이터를 의료 전문가가 지속 관찰해야 효과적으로 환자를 관리할 수 있다. IoT 기기를 활용하지 않는 만성질환 환자들은 평상시 자가 검사를 통해 관리하다가 문제가 생기면 병원을 찾는다. 자가 검사에 필요한 물품을 매번 갖춰놔야 하니 번거롭고, 입원하지 않는 이상 검사 결과를 개인적으로 보관해야 하기 때문에 데이터 관리의 지속성이 떨어진다. 대기시간이 긴 미국의 경우 수치에 이상을 발견하고 진료를 기다리다가 더 큰 질환으로 이어진 경우가 많았다.

텔라닥은 만성질환 관리를 편리하게 했다. 자회사 리봉고를 통해 당뇨, 고혈압, 비만, 정신건강 등 만성질환 원격 케어 서비스를 제공했다. 리봉고를 구독하면 혈당측정기, 혈압측정기, 체중계 등이 제공된다. 구독자는 혈당 측정에 필요한 바늘이나 시험지 등의 물품을 무제한 배송받을 수 있다. 데이터가 자동으로 저장·관리되기 때문에 전문가에게 밀착 관리를 받을 수도 있다.

리봉고를 구독하면 환자가 측정한 데이터가 정상 범위를 벗어날 때 의료 전문가가 바로 연락해 질환 때문에 문제가 생겼는지 확인한다. 인공지능으로 데이터를 분석해 치료 방식에 변화가 필요하다는 사실이 감지되면 전문가가 구독자와 상의해 새로운 방식의 치료와 관리를 시도한다.

리봉고 구독자를 대상으로 한 연구를 보면 만성질환 관리에 IoT 구독 시스템이 효과적임을 알 수 있다. 구독자들의 응급실 방문 비율이 줄어들었고 처방받은 대로 약을 정확히 먹게 되어 수치가 개선되었다.

디지털 치료제

텔라닥의 만성질환 치료 서비스에서 더 나아간 서비스가 바로 디지털 치료제다. 미국 식품의약국(FDA) 허가를 받은 소프트웨어로, 일반적인 디지털 헬스케어보다 좁은 분야다. 행동 중재를 통한 치료 효과가 큰 분야에서 주로 사용한다. 때문에 텔레닥처럼 소프트웨어 프로그램을 사용하며 만성질환과 신경정신질환 분야 등에서 활발히 개발되고 있다.

하드웨어와 소프트웨어가 결합한 디지털 치료제로는 스마트 천식 흡입기를 들 수 있다. 센서가 부착된 흡입기와 함께 관리 프로그램을 구독하는 형식으로 판매한다. 전용 스마트폰 앱으로 흡입량과 흡입 기간 등 올바른 복용법을 지켰는지 알 수 있고, 폐 수치도 관리할 수 있다. 코그니타랩스(Cognita Labs) 사의 캡메딕(CapMedic) 스마트 천식 흡입기의 경우 6개월마다 49달러 구독료가 책정된다.

컨설팅업체 PwC의 조사에 따르면, 의료 부문은 공공 부문, 정유 부문 다음으로 디지털화가 진행되지 않은 분야다. 성장 잠재력이 크다는 의미다. 디지털 헬스케어 시장은 2019년 1,750억 달러에서 2025년 6,570억 달러까지 성장할 것으로 예측한다. 연평균 성장률은 25%에 달한다. 텔라닥의 만성질환 케어나 디지털 치료제 같은 원격의료 서비스는 건강 데이터를 수집해야 하기 때문에 IoT 웨어러블 기기와의 연동, 소프트웨어 구독이 꽃을 피울 분야다.

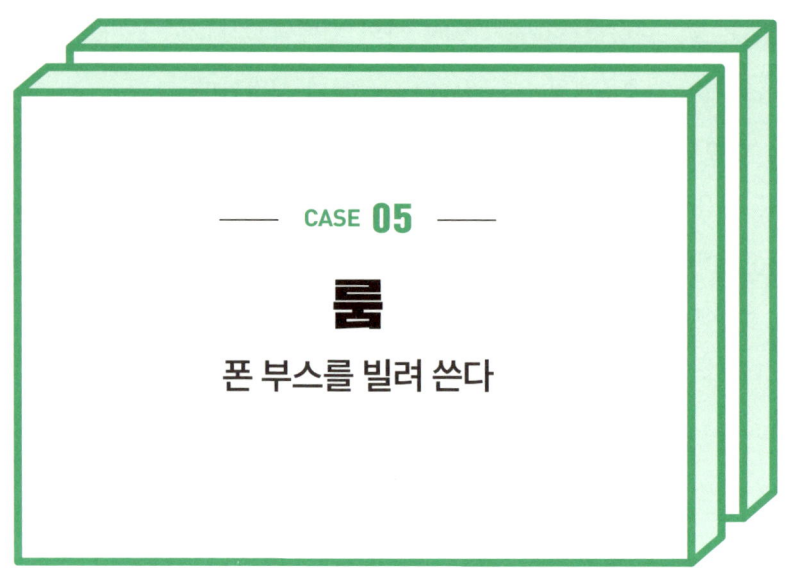

CASE 05
룸
폰 부스를 빌려 쓴다

부담스러운 사무실 공사

기업은 유기체와 같다. 그러나 그 어느 유기체보다도 빠르게 변화한다. 현대의 기업 조직이 변모하는 속도는 고금을 통틀어 가장 현란하다. 3명이던 조직이 1년 만에 100명이 넘는 규모로 성장하기도 하며, 공유 오피스의 한 공간에서 시작한 사업이 건물 한 채를 써야 할 정도로 커지기도 한다. 반대로, 수백 명의 직원을 둔 기업이 몇 개월 만에 십여 명의 조직으로 작아지기도 한다.

기업은 인재를 적재적소에 배치하고자 더욱 노력하고 있다. 조직은 더 잘게 쪼개지고, 작은 조직은 기민하게 움직인다. 사무실의 정의도 더 이상 사람이 모여 일하는 장소가 아니게 됐다. 기업은 직원의 생산성을 높이고자 사무실에 여러 기능을 더했다. 휴식과 놀이 공간이 늘고 미팅과 전화를 위한 공간은 더욱 개인화되었다. 기능에 맞춰 독립적인 공간이 나뉜 것이다.

기업이 이런 속도에 보조를 맞추기란 쉽지 않다. 오프라인 공간을 구분하고 인테리어하는 데는 상당한 비용과 시간이 필요하기 때문이다. 사무실을 재구성하려면 최소한 물리적인 시간이라도 있어야 하기에 점점 더 빨라지고 있는 사업의 속도에 발맞추기가 어렵다.

사무공간도 빌릴 수 있다면?

나이키, 구글, 우버, 세일즈포스, 훌루, 아마존, 버즈피드, 애플, JP모건, 그린피스 그리고 삼성을 고객사로 둔 스타트업이 있다. 무슨 회사이길래 이토록 다양한 산업군에 고객들을 둔 것일까?

룸(ROOM)은 모든 회사가 관심이 있을 법한 사업을 펼치고 있다. 그들은 모듈로 된 사무공간을 판다. 사고 나서 적절한 곳에 두면 끝이다. 폰 부스(Phone Booths)와 미팅룸(Meeting Rooms), 포커스 룸(Focus Rooms) 등의 제품이 있다. 공간이 외부로 트인 오픈 룸(Open Rooms)도 있다. 제품마다 전화 통화, 회의, 집중근무 등에 최적화되어 만들어졌다.

어떻게 이 공간 비즈니스를 구독 모델과 연결했을까?

고객은 미팅룸을 구매하고 추가로 룸서비스(Room Service)를 신청할 수 있다. 비용은 매년 청구된다. 가입하면 매년 2회의 무상 수리 서비스가 제공된다. 그리고 대부분의 부수적인 피해를 보상해 준다. 고객은 언제든 가입하고 탈퇴할 수 있다.

룸은 공간이라는 제품을 판매함과 동시에 그 제품에서 발생하는 문제를 구독으로 해결했다. 기업은 공간 관리를 외부 업체에 맡기면서 경영을 효율화했다.

룸의 비즈니스 모델은 위워크로 대표되는 공유 오피스와 유사하다. 위워크는 고객(입주한 개인)과 기업을 대신해 사무실 관리에 필요한 부수적인 업무, 예를 들어 소포와 편지를 받는 일 같은 걸 대신 처리한다. 함께 쓰는 휴게공간과 청소, 방역 등의 잡무도 한 번에 처리한다. 일반적인 요금보다는 비싸지만, 위워크에 입주해 본업에 집중할 여유를 얻을 수 있다. 룸도 마찬가지다. 다만 이미 사무실이 있는 기업을 대상으로 모듈 형태의 공간을 판다는 것이 차이점이다. 여기에 구독 모델을 패키지로 붙여 프리미엄 서비스를 제공하고 있다.

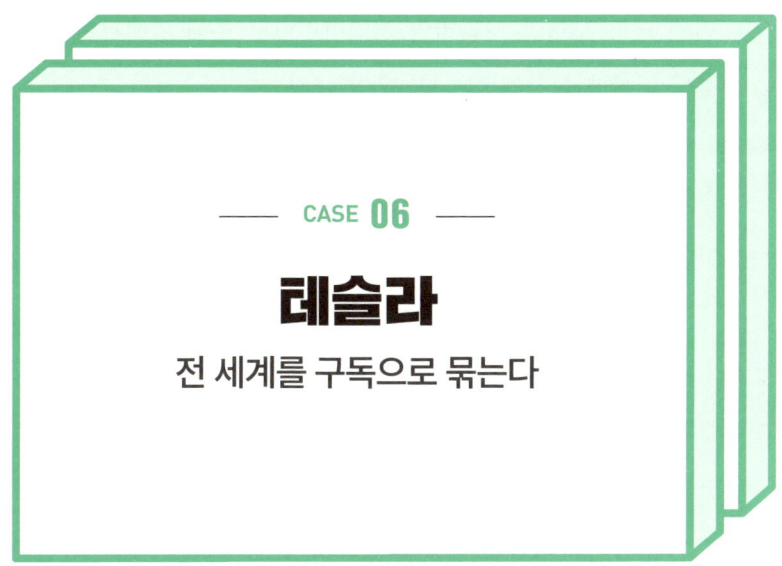

연결에 주목하라

테슬라는 전기차만 팔지 않는다. 구독 프로그램은 테슬라의 또 다른 핵심 사업이다. 테슬라 커넥티비티(Connectivity)는 음악과 미디어 스트리밍, 실시간 교통 정보 등 테슬라 차량에서 데이터를 통해 이용 가능한 기능을 제공한다. 이는 드라이빙 경험을 향상하는 데 중요하다. 테슬라 모든 차량에 스탠더드 커넥티비티가 있다. 와이파이(Wi-Fi) 상태에서 일부 커넥티비티 기능을 이용할 수 있다.

첫 번째 구독 모델인 프리미엄 커넥티비티를 통해 와이파이 외에도 셀룰러 데이터를 통해 이용할 수 있는 기능을 제공한다. 스탠다드의 기능에 더해 실시간 교통 정보, 위성 지도, 비디오 스트리밍, 음악 스트리밍, 인터넷 브라우저 등을 사용할 수 있다. 다만 음악 및 미디어 스트리밍은 해당 서비스를 유료 구독한 상태여야 한다. 2022년 9월 기준 월 구독료는 7,900원이다. 미국은 9.99달러다. 모델 S, X, Y, 3는 인도일부터 1년 동안 프리미엄 커넥티비티를 체험판을 이용할 수 있다. 이 역시 구독 모델의 대표적인 특징인 선사용 후구독 구조다.

테슬라의 구독 모델은 여기서 끝나지 않는다. 오토파일럿과 FSD(Full Self Driving) 기능을 제공한다. 오토파일럿은 반자율 주행이며 고속도로에서 유용하다. 설정한 최고 속도 안에서 앞차와의 간격 유지와 코너링 등을 지원한다. FSD는 오토파일럿보다 진화한 자율 주행 모드다. 오토파일럿에 차선 자동 변경, 자동 주차, 호출 등의 기능을 더했다.

테슬라는 2021년 FSD 구독 프로그램을 출시했다. 월 구독료는 199달러. 오토파일럿을 구매한 고객은 FSD를 월 99달러에 구독할 수 있다. FSD 구독을 통한 매출은 2021년 15억 6,000만 달러에서 2022년 33억 6,000만 달러로 두 배가량 증가했다. 일론 머스크는 2021년 4분기 어닝콜(Earning Call)에서 "점점 FSD가 테슬라의 가장 중요한 수익원이 될 것"이라고 말한 바 있다.

끊임없이 진화하는 자동차의 탄생

오래된 자동차를 몰다가 느끼는 큰 불편 중 하나는 차량 내 IT 기기의 노후화다. 자동차 기본 내비게이션은 제구실하지 못한다. 터치스크린은 아무리 눌러도 반응이 없다. 뜯어고치자니 수십만 원에서 수백만 원이 든다.

자율 주행 자동차는 인터넷 연결이 필수다. 테슬라 커넥티비티가 자동차 안에서의 풍부한 경험을 위한 것이라면 FSD는 안전하고 편리한 이동을 위한 것이다. 이 둘은 인터넷 환경과 자동차 소프트웨어의 강력한 연결을 전제로 한다. 인터넷은 이동 경험을 획기적으로 향상하는 데 필수 환경이 된 것이다.

끊임없는 업데이트는 미래 자동차를 항시 진화하게 하고 있다. 소프트웨어 공급업체는 문제 해결을 위해 언제나 자동차 소프트웨어에서 데이터를 받아야 한다. 여기에는 막대한 인프라와 개발자, 즉 돈이 있어야 한다. 과거 IT 기업이 하나의 제품만 집중적으로 판매했던 방식은 더 이상 통하지 않는다. 그렇다. 테슬라가 구독 모델을 채택한 것은 필연적이었다.

전기차는 자동차의 동력원을 대체했다. 말에서 증기 자동차로, 증기 자동차에서 디젤 엔진 자동차로, 디젤 엔진 자동차에서 전기차로의 이동은 자동차를 어떤 방식으로 움직이느냐의 문제였다. 자율주행차는 완전히 다른 범주의 이야기다. 자동차를 누가 움직이게 하느냐의 문제이기 때문이다. 역사적으로 처음 있는 일이다. 운전자가 사람에서 소프트웨어로 전환되는 것이. 소프트웨어는 서로 연결되어 사고 위험을 줄이고, 더 빠르고 효율적인 탁월한 운전자로 자리매김해야 한다. 어떤 소프트웨어가 이 자리를 꿰찰지 아직은 베일에 싸여있지만, 구독 모델은 이 진화하는 소프트웨어를 유지하는 데 가장 적합한 비즈니스 모델이 되고 있다.

테슬라와 스타링크

앞서 말한 것처럼, 자율주행차의 소프트웨어가 제대로 구동하려면 탁월한 인터넷 환경이 필수다. 일론 머스크의 또 다른 미래지향적 회사 스페이스X는 스타링크 사업을 통해 획기적인 인터넷 환경을 제공하고자 한다. 스타링크는 대기권을 선회하는 수천 개의 인공위성으로 '우주 인공위성 네트워크'를 구축하고 있다. 이 우주 인터넷은 현재 광섬유 인터넷 서비스 수준의 요금을 받는다. 그런데 훨씬 빠르다.

이제 상상해보자. 전 지구에 빠른 인터넷 환경을 제공하는 스타링크. 전 세계 도로를 달리는 테슬라의 자율주행차. 이 둘이 연결된다면? 이 서비스를 이용하기 위해 전 세계 수억 명이 매달 테슬라와 스페이스X에 구독료를 내야 한다면? 테슬라에 일정 구독료를 세금처럼 내야 하는 시대가 올지도 모른다.

  미래 세대는 자동차를 산다는 개념이 낯설 것이다. 미래의 자동차는 지금의 스마트폰처럼 바뀌게 될지도 모른다. 최신 스마트폰을 고른 뒤 단말기 요금제를 선택하고 갖가지 소프트웨어 옵션을 고르는 것처럼 테슬라 혹은 카카오T를 구독하는 일이 근미래에 일어날 것만 같다. 자동차를 일시불로 결제하는 일도 드물어질 것이다. 월 구독료와 함께 할부금을 낸다든가 아예 자동차마저 구독하게 될 테니까.

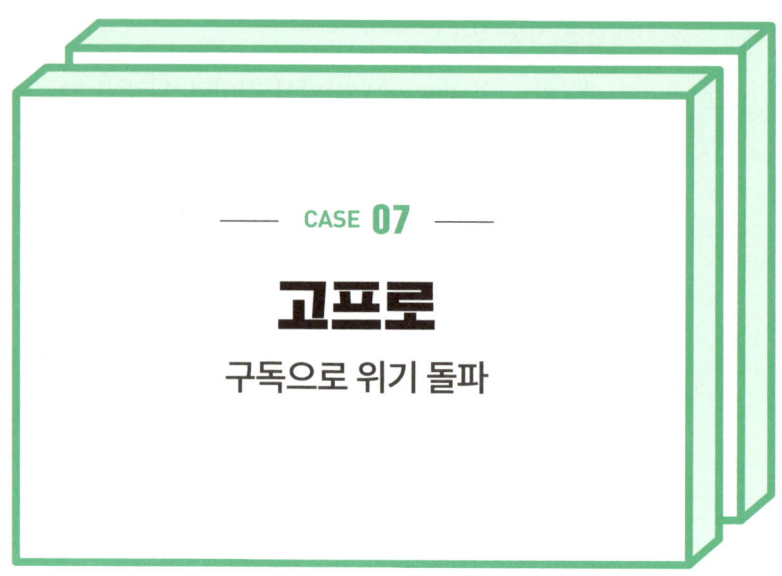

CASE 07
고프로
구독으로 위기 돌파

액션캠의 대명사 고프로

닉 우드먼(Nick Woodman)은 스타트업 이야기에 자주 등장하는 창업자다. 그의 사연은 마치 영화처럼 도전과 실패, 역전이 있기 때문이다.

그는 대학을 졸업한 뒤 친구들과 함께 스타트업을 창업했다. 그의 팀은 무려 390만 달러를 투자받고 온라인 회사를 설립했으나 닷컴 버블이 터지며 실패했다. 이후 마음을 새로 하기 위해 서핑 여행을 떠났다. 인도네시아 해변에서 서핑하던 중 서핑을 촬영할만한 좋은 장비가 없음을 알게 됐다. 당시 서퍼들은 카메라를 손바닥에 줄 따위로 묶어 촬영했는데, 분실이나 부상 등의 사고가 잦았다.

그는 이 문제를 해결하기로 마음먹었다. 사업 자금을 모으려고 여자친구와 함께 인도네시아에서 진주 목걸이를 개당 1.9달러에 수입해 캘리포니아 해안을 돌아다니며 60달러에 팔았다. 일부 자금은 부모에게 빌렸다. 이렇게 해서 스포츠 및 액션 촬영에 특화된 소형 디지털 캠 히어로가 탄생했다.

첫 제품 히어로1의 화질은 최악이었다. 그러나 차별화된 내구성으로 선풍적인 인기를 끌었다. 이후 고프로는 연이어 개선품을 출시하며 액션캠 분야의 대명사로 성장했다. 2012년에는 전 세계 웨어러블 카메라 시장의 95%를 점유하는 기염을 토했다. 2014년에는 나스닥에 상장했다. 그로 인해 우드먼의 재산은 39억 달러가 되었다. 그는 '가장 어린 억만장자'라는 별명을 얻었다.

위기와 구독 모델

고프로에도 위기는 있었다. 드론 사업은 실패했다. 2017년 드론 사업을 중단한 고프로의 직원 수는 2016년 말 1,552명에서 2017년 말 800여 명으로 감소했다. 높았던 주가도 곤두박질쳤다. 당시 전문가들은 고프로가 원천기술을 보유하지 못한 상황에서 강력한 경쟁자, 기술력으로 무장한 소니와 가성비를 앞세운 샤오미 등이 나타난 결과라고 분석했다.

고프로는 2018년 '히어로7 블랙'을 출시하며 흑자 전환에 성공했다. 그리고 '고프로 플러스' 회원도 늘려나갔다.

고프로 플러스는 구독 프로그램이다. 우리나라에서의 구독료는 월 55,000원이다. 구독자는 무제한 클라우드 저장소에서 100% 품질의 고프로 영상을 확실하게 저장할 수 있다. 물론 고프로의 서비스이므로 기기와 클라우드는 매끄럽게 연결된다. 영상을 완벽하게 보관하는 문제는 촬영 애호가의 가장 큰 고민거리인데, 고프로가 이를 구독 모델 방식으로 해소한 것이다. 구독자는 고프로 제품을 이용하거나 구매할 때 파격적인 혜택을 받는다. 모듈, 마운트, 케이스, 배터리, 기어 등 고프로 제품을 30%~50% 할인된 가격으로 살 수 있다. 더불어 아무 조건 없이 1년에 두 번 고프로를 교환할 수 있다. 내구성으로 유명한 고프로가 구독 모델을 통해 "우리 제품을 사고 구독하면 추가로 들어갈 비용은 없다"라고 선언한 것이다.

고프로 제품은 마니아와 대중 모두의 관심을 받고 있다. 고프로 플러스는 이 두 고객 모두 타깃으로 두고 있다. 무제한의 저장 공간은 마니아나 대중에게 아주 매력적인 옵션이다. 특히 구독자가 클라우드 저장 공간을 많이 활용할수록 구독 해지하기 어려워진다. 더불어 장비 교체와 할인은 마니아가 고프로 생태계에서 반복 결제하도록 유인한다. 반복적 구매 경험은 구독자가 고프로라는 브랜드에 애착을 느끼게 한다.

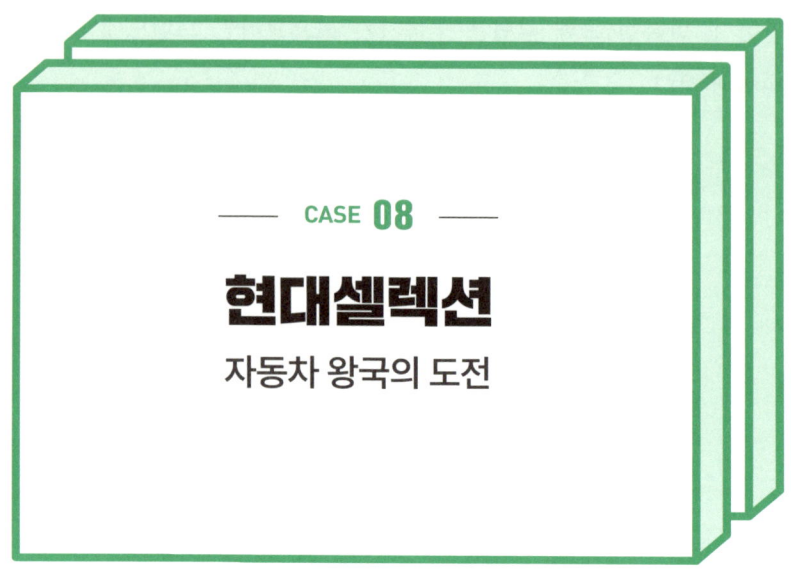

현대셀렉션
자동차 왕국의 도전

자동차 소유의 종말

가장 많이 팔리는 고가제품은 수천만 원에서 수억 원에 이르는 자동차다. 집 다음으로 높은 가격일 것이다. 늦어도 30대에는 첫 차를 구매하려 하고, 비싸기에 어떤 걸 살지 오래 고민한다. 고려해야 할 요소도 많다. 가족의 수는 얼마나 되는지, 유지 비용은 얼마인지, 보험은 뭘 가입해야 하는지…, 차 관리법도 배워야 한다.

 운전은 하다 보면 익숙해진다. 하지만 차를 유지보수하고, 교체하는 일은 매번 새롭다. 그만큼 자동차는 까다롭다.

카 셰어링(Car Sharing)은 앞에 설명한 불편함을 해소하기 위한 서비스다. 놀랍게도 이 개념은 오래된 것이다. 1948년 스위스 취리히의 한 협동조합이 공동으로 비용을 부담해 다 같이 사용하는 자동차를 구매한 것이 그 시작이다. 1970년과 1980년대 유럽과 미국에서 이 카 셰어링이 활성화되기 시작했다. 이후 IT 기술이 발전하면서 대중의 이동 수단 활용법으로 자리매김했다.

카 셰어링의 치명적 단점은 원하는 때에 자동차를 즉시 이용할 수 없다는 것이다. 이를 해결하기 위해 등장한 기업이 바로 우버다. 우버는 승객과 운전기사를 연결하는 기술 플랫폼을 제공했다. 차는 안 샀지만, 부득이하게 타야 할 일이 생긴 고객을 도와주었다. 그러나 서비스 형태가 택시와 유사하게 자리 잡히면서 사회적인 문제를 일으켰다.

소유하지 않고 소유하다

자동차를 사지 않고 필요할 때만 잠깐 타고자 하는 소비자의 심리 때문에 심란해진 곳은 완성차업체였다. 사람들이 자동차를 공유할수록 매출은 하락하기 때문이다.

우리나라 최대 자동차 기업인 현대자동차도 이 같은 추세에 대응해야 할 필요성을 느꼈다. 현대셀렉션은 그런 현대자동차의 새로운 시도다.

이 구독 프로그램은 구독자가 현대자동차의 다양한 차종을 이용할 수 있도록 지원한다. 구독자는 신형 쏘나타, 투싼, 벨로스터 등 여러 차종 중 하나를 선택할 수 있고, 매달 2번 차종을 바꿀 수 있는 옵션을 준다. 이에 더해 팰리세이드, 그랜드 스타렉스 리무진, 코나 일렉트릭, 아이오닉5 등의 라인업 중 하나를 택해 48시간 동안 운전해볼 수도 있다.

이용법은 간단하다. 스마트폰으로 차종을 선택하면 서울 전 지역에 자동차를 배달해 준다. 월 구독료에는 보험, 정비, 자동차세가 포함되어 있다. 구독자가 신경 써야 할 것은 없다.

현대자동차는 다양한 고객의 취향에 맞춰 여러 구독 프로그램을 선보였다. 일반 승용차로 구성된 레귤러 팩과 스포츠카와 다인승 등으로 이뤄진 스페셜 팩인데, 레귤러 팩은 차종에 따라 베이직, 스탠다드, 프리미엄 등으로 다시 구분된다. 스페셜 팩은 스포츠, 트레블, 클린 등으로 세분류된다.

현대자동차는 새로운 구독 모델의 조건인 '자유로운 해지'도 프로그램에 포함했다. 현대셀렉션에는 약정 기간과 선납금 그리고 위약금이 없다.

다양한 고객의 니즈에 맞추다

이 구독 모델은 다양한 사람이 적절하게 이용할 수 있도록 설계됐다. 신차 구매 전에 장기 시승을 원하는 사람, 짧은 기간에만 차가 필요한 사람, 신차에 관심이 많은 얼리어답터 등이 현대셀렉션의 주 구독자 층이다.

현대자동차는 현대셀렉션을 다른 이동 수단과 결합하는 데도 관심이 많다. 전동 킥보드 대여 기업인 울룰로와 택시 회사인 마카롱택시, 카카오T나 아이파킹 등과 파트너십을 맺고 다양한 부가 서비스를 제공하고 있다.

구독료는 어떨까? 가장 저렴한 레귤러 팩의 베이식 구독료는 59만 원이다. 그 위로 다양한 요금제가 있다.

완성차 기업은 자동차 구독 모델을 가장 효율적으로 운영할 수 있는 주체다. 자동차에 대한 가장 해박한 지식이 있으며 가장 저렴하게 제품을 공급할 수 있다. 구독자가 제품을 이용하는 과정에서 발생하는 다양한 데이터를 가장 가치 있게 활용할 수 있는 당사자이기도 하다.

어도비가 제품 판매에서 발생하는 매출을 구독 기반으로 옮겼듯이 우리나라뿐 아니라 전 세계의 완성차 기업이 어도비의 뒤를 이을 가능성이 있다. 특히 자동차 기업이 보유한 산업 헤게모니가 교통 데이터 기반의 IT 기업으로 넘어가는 상황에서, 자동차 기업이 구독 모델을 돌파구로 삼으리라는 것은 당연한 추론이다.

구독경제 101

구독모델을 활용하는 39가지 방법

초판 1쇄 발행 2023년 04월 30일
발행처명 스노우볼랩스 주식회사
디자인 이로울리디자인
등록 2023-000022 / 2023년 03월20일
주소 서울시 서대문구 서소문로 21 14층
전화 02-6952-0384
전자우편 snowballlabs.official@gmail.com
홈페이지 www.moneyneversleeps.co.kr

ISBN 979-11-982688-0-8 03320

- 이 책 내용의 일부 또는 전부를 재사용하려면 반드시 (주)스노우볼랩스의 동의를 얻어야 합니다.
- 잘못된 책은 구입처에서 바꾸어 드립니다.
- 책값은 뒤표지에 있습니다.